新保祐司

ブラームス・ヴァリエーション

藤原書店

まえがき

——ブラームスは変奏曲形式に他の作曲家よりも遥かに深く傾倒した。
（カール・ガイリンガー）

新型コロナウイルス禍という苦難の中で、二〇二〇年四月一日から七月上旬にかけて、ベートーヴェンを聴き続けた。ベートーヴェンのほぼ全曲を一日に一曲ずつ聴きながら考えたことを書いた。そして、十一月に『ベートーヴェン　一曲一生』と題して上梓した。

出来上った本を手にとりながら、これでしばらくベートーヴェンとはお別れだという気持ちになった。余りに集中して聴き続けたので、これ以上聴くのは音楽経験の頂点を過ぎた後の単なる鑑賞の域に入り込んでしまうように思われたからである。

次に誰を聴こうかと思った。いろいろ名前が浮んで来るが、何か決定的な感じで迫って来るものがなかった。あれこれ聴いてみたが、ベートーヴェンの音楽だけを半年ほど聴き続けたためにベートーヴェンの呪縛にかかったようで、何を聴いても物足りない。ベートーヴェンの音楽の深さを改めて思った。それと比べてしまって、どのＣＤをかけても途中でやめてしまうという日々が続いた。

そうこうしているうち、コロナ禍になってから毎日続けている散歩の途上で、ふと聴こえてきたのが、ブラームスの間奏曲だった。それから二年間、ブラームスの音楽を聴き続けることになった。

第I部の「ブラームス・ヴァリエーション」は、ブラームス自身が変奏の大家であったことから考えついた。ブラームスの曲の中から、一曲を選ぶとなれば、私は、「ヘンデルの主題による変奏曲とフーガ　変ロ長調　作品24」を挙げる。この変奏曲（ヴァリエーション）で、私は批評について一つの開眼をしたかのような経験をしたからだ。小林秀雄は、ブラームスは批評の極点だと言った。これは、批評の奥義は、変奏だということである。ベートーヴェンの本の中でも、ベートーヴェンの一曲として「自作の主題による32の変奏曲　ハ短調　WoO80」を選んだが、私は、それほど変奏曲という形式に深い愛着を感じる。

今回、このようなヴァリエーションという批評の形式を試みたのは、この変奏というものこそ、これからの人間が歴史の上に立って思考し、創造していこうとするならば、たどるべき極めて細い一本の道であると考えているからだ。二十一世紀の今日、我々は、もう思想や芸術などの文化において意味ある主題は出尽くしてしまった時代を生きているのである。今、真に創造力のある人間がやれることは、新たな主題を創造することではなく（それはもはや不可能なのだ）、これまでの主題のうち現在にも価値のある主題を発見して、それを変奏することだ。これが、逆説的に真の創造なのである。この精神の姿勢は、必然的に古典を重んずる新古典主義的なものとなるであろう。これからの時代の表現者は、変奏をする人間であり、新古典主義者となるはずである。変奏の大家であり、新古典主義者であったブラームスの音楽を聴く意義は、そこにある。変奏の奥義を学ぶことだ。

昨年末に亡くなった渡辺京二氏は、氏にとって先達とも言うべき橋川文三の『幕末明治人物誌』（中公文庫、二〇一七年）の解説で、「橋川文三の名も今日、『知る人ぞ知る』状態に近づいているのかも知れない。しかし私は嘆くことはしない。この人の仕事の独自さと深さは一時の流行とは関係がないからである。今を時めく論客（もう論客などというものは存在せず、ひしめくのは解説屋・情報屋なのかも知れないが）がすべて、あと何十年かすれば忘却されるのは必至だ。だが、橋川の仕事は常に少数者によってであれ、記憶され愛読され続けるだろう。」と書いた。

何故、「解説屋」になってしまうのか。それは、所与の様々な主題を「解説」するだけで、変奏しないからだ。何故、「情報屋」になるしかないのか。それは、新しい夥しい主題を「情報」として整理するだけで、変奏できないからだ。古い既存の主題をただ並べているだけでは創造にはならず、新しい主題をただやみくもにかき集めても空疎なのである。変奏は、私にとって、この「解説屋・情報屋」から脱却する方法なのだ。

主題は、変奏により多様な展開をして、ますますその内実を開示することになるし、意想外の深まりを顕しもする。変奏曲の究極的な傑作といってもいいベートーヴェンの「ディアベリのワルツによる33の変奏曲」を、ベートーヴェンが「変奏曲」ではなく「変容」と呼んだように、ヴァリエーションは、「変容」にまで達することがあるのだ。橋川文三の日本思想史を題材とする作品は、確かに「解説」「情報」をはるかに超えている。例えば、代表作「乃木伝説の思想——明治国家におけるロヤリティの問題」は、旧約聖書の「ダニエル書」からの引用をエピグラフにしていることが象徴しているように、叙述の中に変奏を感じさせるものが入っている。橋川文三においては、思想史の散文による記述が時に、詩に「変容」することが起きているのである。

変奏できるためには、主題に合わせて引き出される精神的蓄積が必要だ。それは、文章の練達とこれまでの人生と読書の記憶である。歴史と伝統というものも、活かされるものであることに価値があり、変奏されなければ死物と化す。今回、私は、ブラームスの音楽を聴きながら浮かんできた言葉を主題として様々に変奏してみたが、その主題と変奏は、文学、思想、人間、世界、文明、歴史の諸問題に相渉るものであった。登場する人物としては、中原中也、本居宣長、小林秀雄、ホイジンガ、内村鑑三、ウィトゲンシュタイン、小出楢重、樋口一葉、立原道造、堀辰雄、前川誠郎など洋の東西を問わず多彩な顔触れとなった。

第Ⅱ部の「ブラームス全曲をめぐる手記」は、ベートーヴェンのときと同じく、ブラームスのほぼ全作品を一日に一曲ずつ聴いていって、いろいろ考えたことを書いたが、曲そのものから遠く離れていってしまうこともあり（「解説」「情報」を振るい落として）、その曲をめぐっての手記といった趣のものとなった。

これも、ブラームスの一曲を主題とするヴァリエーションといえるものであり、それは、第Ⅰ部の「ブラームス・ヴァリエーション」と同様に、セザンヌ、マラルメ、ヴェルレーヌ、式子内親王、梶井基次郎、正宗白鳥、丸山眞男、渡辺京二、中村光夫、戦没学徒・林尹夫など様々な人物に触れたものとなった。変奏によって過去の人物は蘇り、変奏する人間は、歴史の魂に推参する者となるのだ。

ブラームス・ヴァリエーション

目次

第Ⅱ部　ブラームス全曲をめぐる手記　143

ブラームス・ヴァリエーション

迷わずにただすべての仕事をせよ。しっかり立て。

パウル・フレミング（一六〇九—四〇年）

第Ⅰ部　ブラームス・ヴァリエーション

一八九〇年（五十七歳）頃のブラームスの写真。

第一主題

「僕はただ物の哀れへ浸ることのいよ深きを希求するばかりだ。」

（中原中也「日記」一九三四年、二十七歳）

第一の変奏　「物のあはれ」のブラームス

二〇二〇年の晩秋の或る日の夕方、家の近くの妙本寺に行った。総門を通り過ぎて、二天門に向って登って行く道には、落ち葉が散り敷いている。右手は、市内とは思えないくらい鬱蒼とした森だ。森と道の間には小川が流れていて、六月の夜には蛍が飛ぶ。二天門を見上げると、その手前には背の高い樹々が紅葉している。門をくぐって、瓦屋根の見事な祖師堂の前の空間に出た。

この寺は、北条氏に滅ぼされた比企能員の屋敷があったところに建てられたもので、山内には、比企能員の墓が小高いところにあり、その下に一族の墓が並んでいる。源頼家の子一幡の小さな墓もあり、供花の絶えたことがない。小林秀雄と半年後に死ぬ中原中也が、晩春の暮方、二人で石に腰かけて黙って海棠《かいどう》の名木の花の散るのを眺めたのは、この寺だ。腰かけたと思われる石が、祖師堂の前にある。二人の男の姿が眼に見えるようだ。その石に腰かける。何代目かの海棠は、枯葉も落ち切って枝だけになっている。暮方で、人一人いない。静か過ぎるような空間である。マスクを外して、思いっ切り深呼吸をする。ウイルス禍の先も見えないままに、時の過ぎるのも速いもので、もう十一月も末になった。

晩秋の思いに沈んでいると、ブラームスの間奏曲（作品117の1）が聴こえて来た。それも、よく聴いたグレン・グールドの演奏のようであった。あゝ、これだ、と思った。深まる秋、そして「歴史の暮方」の時代の中で聴けるのは、ブラームスだと腹の底から思った。

急いで、家に帰って、グールドのCDを探して、聴いた。頭の中で鳴った通りの音楽であった。グールドの『ブラームス　間奏曲集』には、一〇曲の間奏曲が収められている。ブラームスの一五曲ほどある間奏曲の中から一〇曲を選び、それを作品番号に関係なく並び替えているが、その選曲と配列のセンスは、冴え切っている。

「モーツァルトやベートーヴェンは神々だが、私は人間だ」とブラームスは言ったが、確かに、この春から夏にかけて聴き続けたベートーヴェンの音楽は、「神」の高みに迫る音楽であった。二十世紀最大の神学者、カール・バルトにとって、モーツァルトは「特愛」の音楽家だったが、その有名な『モーツァルト』の冒頭に収められているのは、「モーツァルトへの告白」である。神に告白するように、モーツァルトへの愛を語っている。確かに、モーツァルトも「神」の境地に接する音楽である。

ベートーヴェンの音楽を聴き続けた後に、ブラームスを久しぶりに聴くと、まさにこれは「人間」の音楽だ。しかし、この「人間」の次元での音楽の、何と心に染み込むように聴こえて来ることであろう。ニーチェは、十九世紀の後半に「神は死んだ」と言ったが、二十一世紀前半の今日、「人間」が死につつあるようである。無論、人間の肉体の話ではなく、「人間」というイデーのことだ。「人間」は、解体しつつある。このように「人間」が消えようとしているのを感じている日々、ブラームスの「人間」の声としての音楽を聴くと、あゝ、「人間」とは、このようなものであり得たのだという思いに突き上げられるのだ。例えば、交響曲第4番ホ短調の第2楽章「アンダンテ・モデラート」を聴いていると、「ブラームスはいいなあ」とつくづく思う。神々のようだとか偉大だとか天才だとかといった讃嘆ではなく、人間であることを掘り下げるブラームスは何んていい奴なんだろうという深々とした親しみに貫かれた共感なのである。大音楽家に向かって、「奴」もないが、そう言いたくなるくらいに人間的な共感なのだ。

バルトは、『モーツァルト』に収められた「モーツァルトへの感謝の手紙」の中で、「私は、暮色ますます濃くなりまさる今世紀が、ほかならぬあなたを必要としていると思うのです。」と書いている。バルトの生きた「今世紀」、則ち二十世紀には、こう言えただろう。しかし、我々が生きている二十一世紀は、どうか。確か、吉田秀和が、月刊『レコード芸術』の連載で、二〇〇一年九月十一日の米中枢同時テロの後だったと思うが、モーツァルトのCDを扱っている話の中で、もう世界は、モーツァルトを聴けなくなって来たのではないか、というようなことを書いていて、ハッとしたことがある。余りに美しくて、現実の世界とかけ離れすぎている、絵空事の美しさのようにさえ感じられる、この美しさを聴くのはもう辛いといった思いを、今日の現実世界を生きざるを得ない現代人は抱くのではないか、というものであった。そうならば、二十一世紀も二十余年経ち、さらに「暮色ますます濃くなりまさる」現在には、「ほかならぬあなたを必要としている」とは、言えなくなってしまったということであろう。では、今日、この「あなた」は誰か。私は、ブラームスこそそれだと思うのだ。

このブラームスの「人間」としての音楽は、「物のあはれ」の音楽と言ってもいいかも知れない。特に、「間奏曲」などのピアノ小品に、それははっきり感じられる。明治時代に、外遊先で、初めてベートーヴェンの交響曲第5番「運命」を聴いて圧倒された岡倉天心は、「これこそ西洋が東洋にまさる唯一の芸術かもしれぬ」と感嘆したが、もし本居宣長がブラームスを聴いたとしたら、これこそ西洋の「物のあはれ」だと言って、ブラームスの音楽を愛聴したのではないかという空想に誘われる。

宣長は、眼の人というより耳の人だった。書斎の鈴屋の名のいわれについて村岡典嗣の名著『本居宣長』の中には「その鈴屋と称せられた故は、床の柱から糸を机の傍へわたし、その糸に、かねて愛玩した鈴を掛けて、仕事に倦んだ折は、その糸をひき鈴をならして慰んだからである。」と書かれている。この鈴の音は、ブラームスの間奏曲に通じているような気がする。間奏曲は、ブラームスが晩年、「仕事に倦んだ」折りに、書かれたものだからである。作品117の三曲の間奏曲について、ブラームスは「これは自分の苦悩の子守歌だ」と言ったという。

村岡典嗣は、そもそも「物のあはれ」とは何かについて、次のように書いている。

凡《およ》そ、あはれとは、「見るもの、聞くもの、触るゝ事に、心の感じて出づる歎息の声」で、畢竟《ひっきょう》これ、人心自然の感情である。而《しか》して元来は喜怒哀楽凡《すべ》ての感情のうごくところを、おしなべて「あはれ」と言ったので、こは古来の文献にあらはれた「あはれ」の意義に徴してさだかであるが、その、漸《ようよ》う単に悲哀の感情につけてのみ言ふやうになったのは、人情あまたある中に、悲哀の情がことに深いからである。即《すなわ》ちあはれてふ本来の意味は、感ずといふこと、「物のあはれ」とはやがて、事物に存する「あはれさ」である。

ブラームスの間奏曲を貫くものは、この「あはれさ」なのである。ブラームスに親しみを感じる日本人が多い理由は、この「物のあはれ」に通じるものがあるからかも知れない。作品117の1の間奏曲を聴いて、西行の「心なき身にもあはれは知られけり鴫立つ沢の秋の夕暮れ」が思い浮かんで来る人もいるであろう。また、作品118の6の間奏曲に定家の「春の夜の夢の浮橋とだえして峰に別るる横雲の空」を連想したとしても、少しもおかしくはあるまい。小林秀雄は、ブラームスではなくシューベルトの最後のピアノ・ソナタ変ロ長調を聴いて、「これは西行の歌――願はくは花のしたにて春死なんそのきさらぎの望月のころ――のような曲だ」と言ったが、このシューベルトの曲は、ブラームスの曲想に近い。西洋音楽から和歌を連想するというのは、決して鑑賞の遊戯ではない。それは、変奏の一種である。シューベルトのソナタに西行の「願はくは」の歌を思い浮かべるというのは、やはり小林ならではの見事な変奏と言っていい。

晩年の小林秀雄は、本居宣長に没入したが、『物のあはれ』の説について」の中で、「宣長の、あはれを説く言葉を辿《たど》って行くと、以上の様に、それは、表面上、理性にも道徳にも関係はないが、深いところでは、これらと離れる事は出来ない所以《ゆえん》が、明らかになる。あはれは情には違ひないが、人間におのづから備はる一種の智慧と言っても少しも差支へない。『世俗にも、世間の事をよくしり、ことにあたりたる人は、心がねれてよきといふに同じ』（紫文要領）とさへ言ふ。この端的な智慧の普遍性は、『さま〴〵に義理をつけて、むつかしく』見ようとしなければ、見付かるものだ。儒仏の道は、むつかしく説かれてゐるが、その根柢を見れば、『物のあはれをしる』心が、なくては適《かな》はぬと宣長は考へる。」と書いている。

バルトが、モーツァルトに対して「私は、暮色ますます濃くなりまさる今世紀が、ほかならぬあなたを必要としていると思う」と言ったのに対して、私が、さらに「暮色ますます濃くなりまさる」二十一世紀は、「ほかならぬ」ブラームスを必要としていると思うのは、この「物のあはれ」が、人間の基底であると考えているからだ。人間の基底であるという意味は、この「人心自然の感情」が、「深いところでは」「理性にも道徳にも」「離れる事は出来ない」からである。「物のあはれ」は、美学でとどまるものではない。倫理学にまでいくものである。「物のあはれ」を唯美主義ととらえてはならないだろう。本居宣長についての誤解の淵源はそこにある。「物のあはれ」は、美だけではない。義を含んでいるものなのだ。

今日、この人間の人間たる所以である「物のあはれ」が、失われて来ているように危惧される。モーツァルトやベートーヴェンは神々で、ブラームスが人間だとするならば、我々は果して何か。人間からも転落しつつある何ものかになって来ているのではないか。

村岡は、「このあはれと感ずる感情は、人生の自然で、如何なる人でもあれ、感ずべき物に触るれば、感ずるがならひであるが、而《しか》もなほ、人により又境遇により、感ずべき事物に当りても、感ぜざることがある。これを『物のあはれを知らぬ』といふ。これに対して、何人にまれ、感ずべき事に当りて感ずべき心を知りて感ずるを、『物のあはれを知る』といふのである。」と書いている。

今や、二十一世紀も二十余年経った時代の風潮は、「物のあはれを知らぬ」というものになってはいないか。「儒仏の道」に加えて現代の日本では、西洋の思想も「むつかしく説かれてゐる」が、「その根柢」に「なくては適はぬ」「物のあはれをしる」心が稀薄になってはいないか。だから、思想の言葉は拡散するばかりで深まらないのだ。そして、人間の感情が、粗雑になり、あるいは過激になり、その表出は、露骨になり、暴力的になっていると思われる。間歇泉のように興奮と熱狂が起り、それが止むと無感動の状態に戻る。

ブラームスのヴァイオリン協奏曲の第2楽章のアダージョは、「物のあはれ」の最高の表現の一つと言ってもいいが、この無上に美しい旋律について、『作曲家別名曲解説ライブラリー　ブラームス』(以下、解説書と記す)には「オーボエが管の合奏のなかで、優美な牧歌ふうの、しかし一抹の北国的な寂しさをもった旋律をだす。つづいて、こんどは、独奏ヴァイオリンがこの旋律を装飾して美しくやわらかく奏する。」と書かれている。「物のあはれ」は、旋律なのである。旋律については、五味康祐が「日本のベートーヴェン」(『西方の音』一九六九年、所収)の中で、自分たちの世代は、ヴァイオリンを愛聴したと書いた上で、次のように書いていた。

いまは違う。音楽を愛好する若い世代はヴァイオリンを敬遠する。それはそして世界的な傾向だという。その理由があるていど私には分る。一言で言えば、いまはもう旋律の時代ではなくリズム楽器の世代だからだ。ピアノは、メロディを奏するためと見るよりもより多く打楽器にちかい。息の長いメロディをうたうヴァイオリンの時代は過ぎたのである。このことはつとにオネゲルも言っている。

そして、注で、フランスの作曲家オネゲル（一八九二年生、一九五五年没）の発言を引用している。それは、「音楽の将来への悲観的見解をオネゲルは述べている。――『今後主導的な役割をつとめるのはリズムの衝撃であって、もはや旋律の楽しみではない。今世紀の終らぬうちに、われわれは初歩的なメロディに乱暴にぶち切られたリズムをつけたような、きわめて簡単で野蛮な音楽をもつようになるだろう』（佐藤良雄氏訳より）」というものである。

ストラヴィンスキーの「春の祭典」のリズムが、パリで爆発したのは二十世紀の初め、一九一三年のことであった。オネゲルは「今世紀の終らぬうちに」と予言したが、確かに二十一世紀も二十余年経った今日、「初歩的なメロディに乱暴にぶち切られたリズムをつけたような、きわめて簡単で野蛮な音楽」がこの世界を蔽っている。

明治の批評家、斎藤緑雨のアフォリズムの一つ「老たるとなく若きとなく、男、女の胸のさゝやきの凝《こ》りたるもの、世々に流れて音楽とはなりけらし、音楽は即ち国のさゝやき也。彼れの曲と此れの歌と、強《しい》て東西の異るを綴り合せて、妖怪に似たる声をなす音楽あるときは、妖怪に似たる声をなすの日本国なることを知るべし。」を思い出す。音楽は、「国のさゝやき」なのだ。緑雨は、文明開化の風潮の批判として、西洋音楽の受容の仕方を問題にしたのだが、国の中にどのような音楽が「流れて」いるか、国民がどのような音楽を耳にしているかは、重要な問題なのである。今の日本に「妖怪に似たる声をなす音楽」が溢れてはいないか。日本という国は、「妖怪に似たる声をなすの日本国」に堕してしないか。だから、音楽を聴くということは、決して趣味の次元のものではないのだ。音楽が弛緩するとき、国も弛緩する。音楽が堕落するとき、国も堕落するのだ。

クラシック音楽を聴くということは、西洋文明に対峙することであり、それによって結果として日本文明は深まるのである。私が、ベートーヴェンを聴きつづけたのも、そういう意図であった。今回、ブラームスをほぼ全曲聴くのも、同じ思いである。「国のさゝやき」の中には、「物のあはれ」が「流れて」いなくてはならないからだ。

今や、「物のあはれを知る」ことを回復する秋《とき》である。「物のあはれを知る」ことは、現代のような狂気と非常識にあふれた時代において、正気を保ち常識に立つために必要なのだ。感傷に浸ることではない。小林秀雄は、ブラームスには、忍耐、意志、勇気といったものがあり、普通言われるセンチメンタルな作曲家という評価は全くの誤解だと言った。「物の哀れへ浸ることのいよ深きを希求」しなければなるまい。そして、乱脈なリズムに踊らされている現在の人間の言葉と思考に、旋律を取り戻さなくてはならないのだ。

第二の変奏　「近代の秋」の音楽としてのブラームス

二〇二二年の晩秋、新型コロナウイルス禍もいまだに収束せず、二月二十四日に始まったロシアによるウクライナ侵攻も先が見通せない状況の中で、世界の成り行きについて、そして自らの人生について物思うことが多くなった。古稀を迎える年齢になったこともそのように誘われる要因であるかもしれない。

そんなとき、ふと思い立って、ホイジンガの『中世の秋』(『世界の名著』の五五巻)を実に久しぶりに書架から引き出した。扉には、昭和五十一年二月八日から二月十二日と書き入れてある。これは、最初に読んだ日付だから、大学を卒業する一年前のことになる。その後、もう一度熟読した記憶があるが、いずれにせよ随分久しぶりである。

解説(堀米庸三)から読み出したが、「『中世の秋』は、愛惜してやまない中世文化にささげたホイジンガの挽歌なのであった。」というような文言に心惹かれる。そこに、線が強く引かれているので、かつても感銘を受けたに違いないが、今日、さらに深く共感するのを覚える。私も、「挽歌」を歌いたくなった。何に対してか。近代に対してである。ホイジンガは、中世に対して歌ったが、このホイジンガの「挽歌」が刊行されてすでに、一世紀余りが過ぎた。今度は、ホイジンガのような近代人が生きた近代に対して、「挽歌」を歌う時代がやって来たのではないか。かつて中世が秋を迎えたように、近代もずいぶん前に秋を迎えていたからである。近代の終焉が言われて久しいが、現在、近代の冬がやってきているとするならば、近代の秋は、十九世紀後半のブラームスの時代だったように思われる。

解説の中に、ホイジンガの大学時代の記述があり、そこには「友人やその姉妹たちとグリーグやブラームスの歌曲を楽しんだのも、その時代のことであった。」とあった。これは全く忘れていた。ホイジンガは、ブラームスを愛したのか。これは、やはりそうかと思わせるものであった。ホイジンガが、『中世の秋』を書いたのに対して、ブラームスの音楽とは、いわば「近代の秋」の音楽ともいうべきものだったからだ。

ヴァーグナーやリストの「未来の音楽」派に対して、ブラームスは新古典主義者と言われ、対立関係にあったが、ヴァーグナーとブラームスは、たった一度だけ会ったことがある。一八六四年二月六日のことで、ブラームス三十一歳、ヴァーグナー五十一歳であった。このとき、ブラームスは、三年前に作曲した「ヘンデルの主題による変奏曲とフーガ」作品24（この曲はブラームスの代表作の一つとされるが、私は、ブラームスから一曲を選べといわれたら、この曲を挙げる）をヴァーグナーの前で弾いてみせた。聴き終わったとき、ヴァーグナーは深い感銘を受け、「古い形式をどう扱うべきかを知っている人の手にかかると、古い形式でいまだどんなことが行われ得るかを示される」と言ったというのは有名な話である。ブラームスは、ヴァーグナーやリストのように「新しい形式」を探求する音楽家ではなく、「古い形式」を活かす人であった。ブラームスは、最後の交響曲である交響曲第4番ホ短調の最終楽章をパッサカリア（あるいはシャコンヌ）にした。パッサカリアというのは、バロック時代に愛好された形式で、短い主題を多くは低声部で何回も繰り返し、その度に対位法的に新しい音楽を組み合わせていく一種の変奏曲である。これに対しても、ヴァーグナーは、「古い形式」を活かす作曲家を見てとったことであろう。

ホイジンガが、ヴァーグナーを愛好したとは思えない。「古い形式」を大事にするブラームスの志向は、ホイジンガも共有したものに違いない。「ブラームスの歌曲を楽しんだ」とある。ブラームスの数多い歌曲の中で、特にホイジンガが好んだものは何だろうか、というようなことに空想が湧く。「友人やその姉妹たちと」楽しんだとあるから、合唱曲かも知れない。そうだとすると、「アルト・ラプソディー」作品53ではないか。アルトと男声四部合唱の編成の曲である。これは、ゲーテの詩「冬のハルツの旅」に作曲した傑作で、悩み多い不幸な若者の救済を願う内容である。この曲を深く聴く者は、自分がこの青年のように思われてくる。ホイジンガもまた、そういう青年だったに違いない。

『中世の秋』の解説に、ホイジンガが自身の青春時代を回想している文章が載っている。「二十歳の終りまで、私はいやしがたい空想家で、また白日夢にとらわれる人間であった。医学科の友人たちが実習をやっているとき、私は、夕方またかれらといっしょになるまでのあいだ、たいがいは独りでどこかしら町の外にさまよいでた。こんな散歩のおり、私はきまって一種の恍惚状態に陥った。これは想い出しても名づけようのないものだし、まして叙述できるものでもない」。これと同じようなことをブラームスが、自らの青春について語ってもおかしくはない。『中世の秋』の歴史家が、若き日に「近代の秋」の作曲家の歌曲を歌っていたという場面を私は、努めて想像してみる。これは、人間の歴史の黄昏の美しさである。

『中世の秋』という名作は、歴史家に普通想定される実証的な性格の人間ではなく、青年時代は「いやしがたい空想家」であった人間によって創作されたのである。真の歴史家というものは、逆説的に「白日夢にとらわれる人間」なのかも知れない。いずれにせよ、この『中世の秋』が名作である所以は、そういう逆説に由来しているように思われる。例えば、次のような文章は、普通の「歴史学者」は書かないであろう。「Ⅶ　戦争と政治における騎士道理想の意義」の中にある。

むなしい妄想なのだ、騎士の栄光も、モードも、儀式典礼も。きれいごとの、嘘偽りだらけのおあそびなのだ。末期中世の真実の歴史は、と、文書類にたより、国家、商工業の発展を跡づける歴史学者はいう、偽りの騎士道ルネサンスなどとは、なんの関係ももたぬ。そんなものは、とうにはげおちかけた古いニスのようなものだ。実際、歴史を作ってきたのは夢みる人びとなんかではない。君侯であれ、貴族、聖職者、市民であれ、つまりは打算にたけ、夢からさめていた政治家であり、商人であったのだ、と。

たしかに、かれらは、夢みてはいなかったでもあろう。けれども、文化の歴史は、人口や税金の数字ばかりではなく、美によせる夢や高貴な生活という妄想にもまた、関係しているのである。現代の社会を、もっぱら銀行業や商業の発展、政治軍事の面での対立抗争といった角度から研究している人がいるとする。かれは、その仕事を終え、たとえば、こう結論するであろう、わたしは音楽については、ほとんど知るところがなかった、音楽は、あきらかに、現代の文化にとって、大きな意義を有さないのである、と。

文化の例として、「音楽」を挙げているのも、ブラームス、グリーグの音楽を愛したホイジンガらしいところである。ホイジンガが、北欧のグリーグを愛好したというのもさもありなんと思う。ホイジンガは、オランダ人だが、北部のフロニンヘンの近傍の生まれであり、やはり北方の精神の人である。同じ北欧でも、フィンランドのシベリウスではなく、ノルウェーのグリーグだというのがホイジンガらしい。九十二歳まで生きたシベリウスと違って、六十四歳で死んだグリーグには、何か儚さを感じさせるものがあるからである。シベリウスは交響曲を七曲も書いたが、グリーグは、交響曲を一曲も書かなかった。グリーグの個性は、ピアノ曲の「抒情小曲集」によく出ている。「小曲」の人なのだ。ブラームスの個性の肌理《きめ》が、ピアノ小品に表現されたのとよく似ている。『中世の秋』の歴史家は、儚さを愛したのであろう。

歌曲では、例えば「春」作品33の2などが気に入っていたのではないか。この歌曲は、「最後の春」

とも呼ばれることがあるが、ノルウェーの詩人ヴィニエの詩に作曲したものである。ヴィニエは、五十二歳で（この人も短命であった）孤独と貧困の中に生涯を閉じたが、この詩は、死の年となった一八七〇年の春の到来が、自分にとっては最後の春になるであろうという感慨を歌っている。「もう一度奇跡が起こって、幸福が私に与えられた。春の喜びのすべてをこの世で見ようとは！」

この歌曲は、グリーグ自身によって弦楽合奏用に編曲された。「2つの悲歌的旋律」作品34の第2曲である。これは、日本では、敗戦の日の八月十五日に日本武道館で行われる全国戦没者追悼式で、開始前に演奏されている（いつからかは知らない）が、死というものに深く思いを到らせるとても美しい音楽である。私は、この曲を聴いていると、ふと三十五歳で死んだ正岡子規の「佐保神の別れかなしも来ん春にふたたび逢はんわれならなくに」を思い出す。この短歌は、私が、三十三歳で、内村鑑三の『ロマ書の研究』に邂逅する直前に書いた『シュウベルト』のエピグラフとしたものであった。こういう短歌に惹かれる心境だったに違いない。

グリーグは、一八九六年に病床のブラームスを見舞っている。二人は、一八八五年にライプツィヒで初めて会った。その後、一八八八年に同じくライプツィヒで再会しているが、病床に訪ねるくらいにグリーグは親愛の情を懐いていたのであろう。北ドイツのハンブルク生まれのブラームスも、やはり北方の精神の人であった。ブラームスとグリーグ、そしてホイジンガには、何か精神のトーンにおいて共通したものがあるように思われる。

『中世の秋』という喚起力の強い書名から連想するならば、バッハ、ヘンデルから始まり、ハイドン、モーツァルト、ベートーヴェン、シューベルト、シューマン、メンデルスゾーンと続いてきた音楽の近代は、ブラームスで「秋」を迎えた。ブラームスの音楽とは、「近代の秋」の音楽に他ならなかった。それは、現代が近代の終焉を迎えつつある時代であることを痛切に感じている人間、そして「物のあはれを知る」人間に、限りない愛惜の情をもって聴かれる音楽なのだ。

第二主題

「人類の最善は第十九世紀を以って言尽《いいつ》くされたのではあるまい乎《か》。第二十世紀に入りて世はハツキリと末世に入つたやうな感がする。」

（内村鑑三「日記」一九二六年三月十八日）

第一の変奏　「ウィトゲンシュタインはブラームスより後の音楽に耐えられなかった。」

（レイ・モンク『ウィトゲンシュタイン』）

『世界の名著』の七〇巻は、『ラッセル　ウィトゲンシュタイン　ホワイトヘッド』である。帯には、「現代哲学の可能性をきりひらいた論理実証主義・分析哲学・科学哲学の先駆的労作三篇」とあり、ラッセルの『外部世界はいかにして知られうるか』、ウィトゲンシュタインの『論理哲学論考』、ホワイトヘッドの『観念の冒険』が収められている。

随分昔に、恐らく三十代の頃、この本を読んだと思う。今回、久しぶりに書棚から取り出して頁をめくってみたが、一生懸命読んだらしく、赤線が一杯引いてあった。しかし、古稀に近い現在、もう改めて読み直そうという気は起きない。恐らく苦労して読んだとしても若い時に理解した以上のことが理解できるとも思わない。昔読んだことの栄養は、記憶として染み込んでいるだろう。今はもう、それで十分である。

解説の「三人の科学哲学者——科学哲学と言語哲学の革命」（山元一郎、石本新）を読み進めていたが、ウィトゲンシュタイン以外の二人のところの記述は、ほとんど読むに耐えなかった。ラッセルなど、「活動家」に他なるまい。ホワイトヘッドについては、昔読んだ、小林秀雄の「桑原武夫との対話

——神秘と現実」（昭和二十三年三月）の中の、次のようなやりとりを思い出した（傍点原文）。ホワイトヘッドは、前年の昭和二十二年十二月に死去している。

桑原　だから、パスカルはデカルトに対してエクスペリメンタリズム、つまり、実験主義的でしょう。パスカルでも、そういう、実験主義的なところを、われわれはもう少し理解しなければならないのじゃないか。ホワイトヘッドは、パスカルは非常に偉い人だが、それにもかかわらず、彼の方向が、もっとキリスト教を、新しい、と言えばルーズになりますが、新しい方向に改革するという方向にむかわずに、もとにもどったということは大変遺憾だ、という意味のことを書いていているけれどもね。

小林　宗教改革というものは、みんな、そういうふうに、もとにもどったものだ、ルッターでもそうでしょう。彼の亜流が、進歩主義をとなえたに過ぎない。ホワイトヘッドを偉いと思いますか。

桑原　偉いと思います。

小林　僕は偉いと思わなかった。尤も僕は野田又夫氏の紹介で読んだに過ぎないので、駄目なんだが、ただ何となく大思想家ではないと直覚しました。あれは、最近の、科学の革命を実に巧に利用した思想家だ。

桑原　それはわかりますね。

私は、小林秀雄の「直覚」を信じるものである。一方、「偉いと思います。」と言う桑原については、戦後の浅い「知識人」の典型としてはそう評価するだろうなと思う。ラッセルやホワイトヘッドなど、二十世紀に活躍した思想家を考えていると、西洋古典学の大家、田中美知太郎の発言を思い出す。田中は、或る対談（「古代ギリシアを想う」一九八一年）の中で、次のように語っていた。

現代のヨーロッパ人の言っていることで感心することはあまりなく、芸術家でも学者でもつまらない人が多いような気がしますが、ヨーロッパ文明と言いますか、西欧がこの数百年の間に築き上げてきたものは、やはりたいしたものだと思いますね。とくに十九世紀にヨーロッパが成し遂げた仕事というのは、大きい。現代のヨーロッパ人とは切り離して考えなければいけないと思います。

これは、内村鑑三の「人類の最善は第十九世紀を以って言尽くされたのではあるまい乎。」という時代認識と通じるものがある。田中のこの見識が広まることなく、その後の日本は二十一世紀に入っても、「現代のヨーロッパ人」から取り入れようとしている。それは、一時期のフランス現代思想の流行に見られるようにいまだに続いている。西欧崇拝の夢がまだ醒めず（あるいは、醒めるのが怖くて）「現代のヨーロッパ人の言っていることで感心することはあまりなく、芸術家でも学者でもつまらない人が多い」という事実を見ないようにしているのである。近代日本の文明開化の末期現象と言えるであろう。シュペングラーの『西洋の没落』が出たのは、二十世紀の初頭であり、もう一世紀も前の話ではないか。

さて、『ラッセル　ウィトゲンシュタイン　ホワイトヘッド』の巻の中で、やはりルードウィヒ・ウィトゲンシュタインは別格であろう。「現代のヨーロッパ人」という括りに入らない人物である。そもそも、この巻を書棚から取り出したのは、その解説の中に、確かブラームスの顔写真が載っていたことを記憶していたからだ。改めて頁を繰ってみると、やはりウィトゲンシュタインを説明しているところにあった。これは、昔読んだときに、印象深かったので覚えていたのである。ラッセル、ウィトゲンシュタイン、ホワイトヘッドの顔写真やイラストを始め、著作や当時の哲学者、あるいは生家の写真などが載っている（それは、他の巻でも同じだが）中で、何故か音楽家ブラームスの晩年の顔写真が載っていたのであった。これには、大変驚いた。それは、次のような解説文のところであった。

父カールは技師で、オーストリア＝ハンガリー二重帝国の鉄鋼業を指導したボスである。強い意志と知性の持ち主であったが、妻とともに楽才に恵まれ、音楽のパトロンでもあった。ロベルト・シューマンの妻クララは、しばしばカールのサロンで非公開の演奏会を開き、ヨハネス・ブラームスは、カールの家庭的友人であった。グスターフ・マーラーも、しばしば「宮殿」にその憂鬱な容姿を見せた。

八人の子どもたちも、両親に劣らぬ楽才の持ち主で、哲学者の兄パウルはやがて高名なピアニストになった。ルードウィヒは、とくにクラリネットにすぐれた天分を示し、指揮者として世に出ることを期待されたこともあった。音楽とともに彼が終生愛したものは、機械である。音楽や機械に示された情熱と知性は、あやうく常軌を逸するほどに激しいものであった。後年のルードウィヒの友人であったライトも、「彼が精神病との境界線に生きていたというのは、おそらくほんとうである。その境界線のかなたに追いやられてしまいそうな恐怖が、彼に終生つきまとっていた」という。四人の兄のうち三人までもが自殺者であるということは、そこに尋常でない葛藤がはらまれていたことを示唆している。

少年期は、当時の上流階級の通例でもあったが、家庭教育を受けた。十四歳になって初めてリンツで学校にはいったが、そのころ少年は、L・ボルツマンについて物理学を学びたいと思っていたこともあるらしい。少年は、生涯情熱をもちつづけた音楽と機械のうち、家業でもあった機械の方向に将来の進路を選ぶ。

この二歳年上の兄パウルは、第一次世界大戦で召集され、右腕を失った。その後、左手だけでピアノを弾き、作曲家に左手だけの曲を委嘱した。その中でも、ラヴェルの「左手のための協奏曲」は有名である。このパウルを除いて三人の兄は、自殺したということである。もう二〇年くらい前に、ピアニストのアファナシエフが来日公演したとき、演奏の他に講演をしてウィトゲンシュタインの話をした。それは、ウィトゲンシュタインは、自殺の思いに生涯とらわれていたようであるが、たてつづけて三回、ブラームスのピアノ四重奏曲第3番ハ短調作品60を聴いて、自殺を思いとどまったというものであった。三人の兄の自殺、一人残ったピアニストの兄は、右手を失ったのである。確かに、ウィトゲンシュタインの周辺には、「尋常でない葛藤がはらまれていた」ということであろう。やはり、ウィトゲンシュタインという人間そのものが、「尋常でない」存在だったのだ。

ブラームスが一八九七年に死んだとき、ウィトゲンシュタインは八歳だったわけである。この異様な少年は、もう何かが充分分かる年だったであろう。また、「ルードウィヒは、とくにクラリネットにすぐれた天分を示し」たということに興味が惹かれる。ブラームスの不朽の名曲クラリネット五重奏曲ロ短調作品115が作曲されたのは、一八九一年であり、ウィトゲンシュタインは、まだ二歳のときであるが、後にこの曲を愛したことであろう。

「少年は、生涯情熱をもちつづけた音楽と機械のうち、家業でもあった機械の方向に将来の進路を選」んだとあるが、もし、「音楽」の「方向に将来の進路を選」んでいたらどうなっていただろうという空想に誘われるのを禁じ得ない。「指揮者として世に出ることを期待されたこともあった」とある。二十世紀の大指揮者、フルトヴェングラーは、一八八六年生まれ、ウィトゲンシュタインより三歳年上である。ほとんど同年だ。ウィトゲンシュタインが、指揮者になっていたら、フルトヴェングラーのような指揮者になっていたであろうか。顔からいうと、何かカルロス・クライバーに似ている。クライバーとは、随分年が離れているが、カリスマ性のある指揮者であったクライバーよりも更に神秘的な存在になっていたかも知れない。しかし、空想はこの辺でやめにしよう。

ウィトゲンシュタインと音楽、あるいはブラームスとの関係を少し調べてみると、実に興味深いことに導かれる。レイ・モンクの『ウィトゲンシュタイン』(岡田雅勝訳)には、「ヨアヒムをとおして、ウィトゲンシュタイン一家はヨハネス・ブラームスに紹介された。彼らはブラームスの友情を最高に称えた。ブラームスはヘルマンとファニーの娘たちにピアノを教え、そして後にウィトゲンシュタイン家によって催された音楽の夕べの常連客となった。少なくとも彼の主要な作品の一つ――『クラリネット五重奏曲』はウィトゲンシュタイン家で最初に演奏されたものである。」と書かれている。

二歳のウィトゲンシュタインは、この演奏を聴いたのではないか。「ルードウィヒは、とくにクラリネットにすぐれた天分を示し」たのは、このときの影響かもしれない。二歳でそんなことが、とも思うが、ウィトゲンシュタインのような「尋常でない」人間には、常人には想像もできないことがあってもおかしくない。また、クラリネットの音は、晩年のブラームスの宿命的な音であったが、ウィトゲンシュタインは早くもクラリネットの音に魅せられる「晩年」の心境にあったのかもしれない。

音楽家にはならなかったウィトゲンシュタインにとって、音楽を聴くことは、生涯の情熱であったのだが、ブライアン・マクギネスの『ウィトゲンシュタイン評伝』(藤本隆志他訳)には、マンチェスター時代の二十歳くらいのウィトゲンシュタインについて、エクルズという友人が見た姿を書いている。「時々はウィトゲンシュタインと一緒にハレ管弦楽団のコンサートに行ったり、エクルズにとっては『交響曲全曲』と思えるものを、ウィトゲンシュタインが口笛で吹き通すのを最後まで聴いたりはしていた。見たことのある人は皆そうなのだが、エクルズもウィトゲンシュタインが音楽に耳を傾けるときのあまりの激しい集中度に感銘を受けている。」

レコードを聴く場合も、独特であって、同書には、「彼は多読家であるよりも、精読家であった。彼は『自分に意味のあることを語っている』章句や詩に繰り返し立ち戻ろうとした。これはレコードで音楽を聴く場合も同様であって、彼は、そこにすべてがこめられていると思うパッセージへ何度も針を置き直したものである。」と書かれている。この辺り、何か小林秀雄を彷彿させる。

このように、精神の最深のところで常に音楽が鳴っていたウィトゲンシュタインが、いわゆる「現代音楽」を認めなかったことは、決定的に重要な判断である。マクギネスの評伝には、「彼とその家族にとって、音楽とは、ハイドンからブラームスまでのウィーンの音楽のことであった。彼にしてみれば、この音楽に変更を加える必要などなかった。だからたとえばベルクの作品などは、恥ずべき代物のように思われた。人生について考えるのに十分すぎるほどのものが、すでに古典音楽の中に含まれていたのである。」と書かれている。

モンクの本には、「彼はブラームスより後の音楽に耐えられなかった。」とある。同書には、一九一二年、ケンブリッジ時代のエピソードが載っている。ピンセントと一緒にバーミンガムの市公会堂で開かれたコンサートに行ったときのことである。「そのときのプログラムは、ブラームスの『レクイエム』、シュトラウスの『サロメ』、ベートーヴェンの『第七シンフォニー』、バッハのモテット『恐れないで』であった。ウィトゲンシュタインはブラームスを聴いたが、シュトラウスのときは会場に入ることを拒否し、ベートーヴェンが終わるとすぐにすぐにそのホールを出てしまった。」ウィトゲンシュタインが、ブラームスの「ドイツ・レクイエム」を聴いたのは当然である。シュトラウスの曲を聴かなかったのは、「ブラームスより後の音楽」だからであり、バッハの曲のときに帰ってしまったのは、ウィトゲンシュタインにとって音楽はあくまでも近代音楽のことだったからであろう。

ブラームスとともに終わったものは、決してウィトゲンシュタインの生まれた土地の範囲といった意味の「ウィーンの音楽」ではない。ブラームスの後には、シェーンベルク、ウェーベルン、ベルクの「新ウィーン学派」が登場したからである。その終わったものは、人間の精神の何か根源的なものであるとウィトゲンシュタインは感じとっていたに違いない。ピンセントの日記には、ウィトゲンシュタインが、マーラーもシェーンベルクも否定的に語ったことが記載されている。

そして、ウィトゲンシュタインが、いわゆる「現代音楽」を否定する理由が、ウィトゲンシュタインらしく、独創的である。聴いてつまらないとか、無調性であるとかといった理由によるのではない。同書には、「ウィトゲンシュタインは音楽がまさに現代的である必要はないという主張をした。」（傍点原文）と書かれている。

だから、「現代音楽」という概念そのものが、成り立たないのである。「現代音楽」が全然一般社会に認められず、逆に消滅していく現状に苛立った「現代音楽」の作曲家が、ベートーヴェンの音楽も当時の「現代音楽」だったというようなヒステリー的発言をすることがあるが、哀れである。

ウィトゲンシュタインの日記に、芸術作品とは、永遠の相の下でみられた対象のことである、と書かれているが、現代の相の下に、芸術も文学も、あるいは思想も見られ過ぎてはいないか。永遠の相の下に見るという精神が瘦せ細り、現代に関する関心が、あるいは現代に乗り遅れるのではないかという恐怖心が肥大化している。「現代文学」「現代美術（アート?）」「現代思想」も、「現代」が偶像になり、「現代」への「過剰適応」が行なわれている限り、真の文学、美術、思想、にはならないであろう。「永遠」を回復しなければなるまい。根源的には、人間は、まさに現代的である必要はないからだ。

マクギネスの本には、「エクルズにとっては『交響曲全曲』と思えるものを、ウィトゲンシュタインが口笛で吹き通すのを最後まで聴いたりはしていた。」という件があったが、このウィトゲンシュタインの口笛については、音楽への愛情を共有したピンセントとの交友のことが書かれたところで、「ウィトゲンシュタインと彼は、しばしば音楽協会から楽譜を借り出し、ピンセントの部屋へ持っていった。しまいには彼らは、シューベルトの歌曲を奏する独特な方法まで考案し、ピンセントがピアノを弾き、ウィトゲンシュタインが口笛を吹くのである（よく言われるように、彼の口笛はじつに上手で表現力豊かなものであった）。こうして彼らは、休日には四、五〇曲も練習した。」

とある。どうもウィトゲンシュタインに絡んだ話は、皆「尋常でない」。

私は、このウィトゲンシュタインの口笛を聴いてみたかったと思う。「語り得ぬことについては、沈黙しなければならない。」というのが『論理哲学論考』の有名な結論だが、言葉ではなく、口笛という音の中に、ウィトゲンシュタインの内心が聴き取れたかもしれないと思うからだ。

ブラームスは「音楽の中で、私は語っているのです。」と語った。この言葉を考え合わせてみると、ウィトゲンシュタインにとって「語り得ぬこと」は、音楽の中で語っていたように思われる。そして、確かにブラームスの音楽には、「語り得ぬこと」が十分に鳴っている。

第二の変奏「知的活動の大半の領域で、二十世紀のヨーロッパは過去との無縁を誇らかに主張した。」

（カール・E・ショースキー『世紀末ウィーン――政治と文化』）

ショースキーは、序論をこの一文で始めている。そして、次のように書いている。

社会的および政治的解体のおののきを痛切に感じていた世紀末ウィーンは、今世紀の没歴史的文化の最も豊饒な培養地の一つとなった。その偉大な知的革新者たち――音楽と哲学における、経済学と建築における、そしてもちろん精神分析における――は、多少とも思いをめぐらした上で、一人残らず彼等を育ててきた十九世紀の自由主義文化の中枢であった歴史観との結びつきを断ち切ってしまった。（傍点原文）

「知的革新者」として、音楽ではシェーンベルク、美術ではクリムト、ココシュカ、建築では、オットー・ヴァーグナー、「もちろん精神分析」ではフロイトなどが取り上げられている。この大部な研究書の巻末の索引には、数多くの人名が記載されているが、ブラームスの名はない。実は、シェーンベルクのところで、二か所出てくるのだが、重要ではないとして拾われなかったのであろう。確かに、ブラームスは、中年以降ウィーンに居を構えてはいたが、「世紀末ウィーン」には縁がなかった。一八九七年に死んだブラームスは、晩年が「没歴史的文化の最も豊饒な培養地」としてのウィーンの時代の始まりに重なったとしても、精神的にはこの風潮とは関係しなかった。関係しなかったというより、十九世紀の文化に殉じたといってもいいであろう。ブラームスの晩年の諦念は、ブラームスの生きて来た伝統を断ち切って進んでいく時代との乖離《かいり》から来るものでもあったに違いない。それは、例えば、死の年、一八九七年には、ウィーンでクリムトが若い仲間たちを引き連れて既成の美術協会から脱退して、いわゆる「分離派」を創設したことを思えばよい。この年には、『イタリア・ルネサンスの文化』のブルクハルトも死んでいる。ホイジンガは、ブルクハルトを「十九世紀の最も賢明な精神」と呼んだが、ブラームスは、十九世紀の最後の音楽家といえるであろう。

ブラームスは、バッハ、ベートーヴェンと並べてドイツ三大Bと呼ばれたりするが、確かに、ブラームスは、バッハ、ベートーヴェンの伝統を継ぐ音楽家であった。ヴァーグナーやリストなどの「未来の音楽」派ではなく、ブラームスは、伝統を重んじた。新古典主義者とも言われた所以である。そして、ブラームスの死後、西洋音楽は、根柢的に変化(あるいは、崩壊)したのである。

例えば、この「知的革新者」たちは、もうベートーヴェンが分からなくなってしまっていたのである。『世紀末ウィーン——政治と文化』(安井琢磨訳)の「V グスタフ・クリムト——絵画と自由自我の危機」の中で、マックス・クリンガー(一八五七年生、一九二〇年没)のベートーヴェン像について触れられている。クリムトの「ベートーヴェン・フリーズ」のきっかけとなったのは、一九〇二年に「ライプツィヒの芸術家マックス・クリンガーによる当時大いにもてはやされたベートーヴェンの彫像が、ウィーンで展示されたことである」とあり、その展示されたときの写真も入っている。「当時もてはやされた」もの、いずれの時代もその時代に「もてはやされた」ものとは、こんなものである。実にくだらない像である。ベートーヴェンが全く分かっていない。

これについては、アーサー・シモンズが、そのベートーヴェン論（一九〇四年）の末尾で、次のように書いているのを知って、さすがはシモンズだと思った。シモンズは、『文学の象徴主義運動』という歴史的名著の著者であり、この本は岩野泡鳴によって『表象派の文学運動』として訳された（一九一三年）。そして、この本が、青年時代の中原中也、小林秀雄、河上徹太郎などに如何に深甚な影響を与えたかは、文学史の常識である。シモンズは、クリンガーのベートーヴェン像について次のように書いている。若き日の高村光太郎が翻訳しているのも興味深いので、こなれない訳だが高村訳を引用しよう。

或る独逸《ドイツ》の彫刻家は、ベートーフェンを作つて、大きな裸の紳士が、意味ありげな臂《ひじ》掛け椅子に腰かけて、其の膝に端然とショールを投げかけて居るところを現はした。此の賞賛されてゐる制作の中に、近代独逸のあらゆる悪傾向、大袈裟な野心と無駄な精力とが集中してゐると思ふ。もつと見懸けのある人物、例へば「オリムピヤン」な風貌あるゲーテ、若《も》しくは肺病やみのロマンチシズムを持つてゐるシルレル等をさし措《お》いて、ベートーフェンが、此の無能な時代の一番悪い形の著しい犠牲となつてしまつたのは、残念な事である。今は最早や、あのもつと人を引きつける名はついてゐないが、ジョーヂ　メレデイスの其の小説の中でエミリアの話した一句がある。其の句を通してベートーフェンを斯《こ》ういふ人だと思つていいかもしれない。「私はあの人の写真を店の窓で見ました。風が髪の毛にあるやうでした。そして眼で聞いてゐるやうでした。額がさういふやうに蹙《ちぢ》んでゐました。」此の詞で述べた見える様な絵姿から、マックス　クリンゲルの石の結構を見ると、まるで石切り場の埃で姿がかき消されたやうである。ベートーフェンは生きてゐる間、同時代人からいろいろ悩まされた。そして死んだとなると、彼等は彼を墓の中にじつと独りに居させはしない。第一に無器用な指で其の頭蓋骨をひねくり廻し、（吾人は其の重量を報告された。）しかる後、彼の栄光の為めに此等の不名誉な記念像を建てないでは居られないのである。

クリムトの「ベートーヴェン・フリーズ」は、クリンガーの像に更に輪をかけて「不名誉な」絵画である。どのようなものかを説明するのも嫌になる。見るに耐えない。このフリーズの「展示会の開会式では、グスタフ・マーラーが特別に短縮された編曲でベートーヴェンの『第九』を演奏して花を添えた。」とショースキーの本には書かれている。やっぱりマーラーかという感じである。ベートーヴェンの「第九」を「特別に短縮」などしてはなるまい。それを平気で編曲してしまうとは、ベートーヴェンにとって「不名誉な」ことをするものである。そもそもクリムトの耽美主義など、ベートーヴェンに全く関係がないものなのだ。

ちなみに、クリンガーの版画に「ブラームス幻想」（一八九四年）というものがある。一八九四年ということは、ブラームスの死の三年前である。ブラームスの生誕六〇年の記念に献呈したものであった。ブラームスの歌曲の楽譜にクリンガーの版画が添えられている。その版画は、まさに「幻想」の名にふさわしく、全くブラームスを分かっていないものである。クリンガーは、その八年後に制作したベートーヴェンの彫刻でもベートーヴェンを全く分かっていなかったように、この版画でもブラームスを勝手に「幻想」している。確かにブラームスは、礼状を出しているし、「4つの厳粛な歌」をお返しにクリンガーに献呈しているが、それは社交の世界の話であり、真に理解が通じていたということではあるまい。解説書には、クリンガーに献げたが「しかし、実質的には、クララ〔・シューマン〕の二人の娘にこの曲は贈られている。」と書かれている。シェーンベルクが、一九三七年にブラームスのピアノ四重奏曲第1番を管弦楽に編曲したのが茶番である如く、クリンガーの「ブラームス幻想」などブラームスにとって有難迷惑な話だったはずである。シモンズが、このクリンガーの版画を見ることがあったならば、「近代独逸のあらゆる悪傾向、大袈裟な野心と無駄な精力とが集中してゐる」と言ったことだろう。

「世紀末ウィーン」のクリムト、フロイト、あるいはマーラー、シェーンベルクなどが、第二次世界大戦後のアメリカで流行していった光景について、ショースキーは、次のように書いている。

フロイトはもちろんオーストリア人だった。しかし彼だけがアメリカ人を戦後に惹きつけた唯一の世紀転回期のオーストリア人ではなかった。月並みで、どちらかと言えば退屈な作曲家と長い間見られていたグスタフ・マーラーが、突然交響曲のプログラムの人気のある出し物となった。バークレーの〔カリフォルニア大学の〕学生「革命」の間、新らしく結成されたマーラー協会は、当時の流行にしたがって、「マーラーはイカスぜ」と記したボタンでその信条を宣言した。シェーンベルクもその間に、アヴァンギャルドとその作曲家たちから、学園の牙城へとその影響力を伸ばしていった。グスタフ・クリムト、エゴン・シーレ、そしてオスカー・ココシュカ、これらの官能的で心理的な生を描くウィーンの画家が、陽の目を見ない世界から躍り出て、流行としか言いようのないものとなった。

この「流行」が、いつしか権威あるもののようになり、二十一世紀の今日に至っている。このような音楽や美術の状況を見るにつけ、内村鑑三の「人類の最善は第十九世紀を以って言尽くされたのではあるまい乎。第二十世紀に入りて世はハッキリと末世に入ったやうな感がする。」という感慨が改めて実感されるであろう。

第三の変奏　「シェーンベルクはレーニンであり、ベルクはスターリン、ウェーベルンはトロツキーになぞらえることができる」

（セシル・グレイ『音楽の現在及び将来』）

ブラームスの後の「新ウィーン学派」の代表者、シェーンベルクは、二〇〇一年に没後五〇年であったが、雑誌の特集や新聞記事も余りなかったことを覚えている。

その中で、やはり月刊誌『音楽現代』は五月号で、シェーンベルクの特集をしていたが、それもわずか三本の論文であった。そのうちの一本は、作曲家の別宮貞雄の「シェーンベルクと私――シェーンベルクの試みは人間の本性に反していた」であったが、その冒頭で「作曲の世界に与えた影響の大きさからすれば、二十世紀においてまずシェーンベルクが第一であることは間違いなかろう。ドビュッシーもストラヴィンスキーも彼にかなうまい。しかし二十世紀後半の音楽の不毛の原因もまた彼のせいだということになる。」と書いていた。

同じ年の月刊誌『レコード芸術』の八月号には、ピアニストのアナトール・ウゴルスキのインタヴューが載っているが、聞き手の音楽評論家、濱田滋郎が、まえがきで「これほど強烈な意見がきかれたインタヴューも、私はあまり他に記憶がない。」と断ったほどのものであった。ウゴルスキは、その演奏と同じく、言葉もあるいは思想も「強烈な」人のようである。その中で、特に興味深いのは、シェーンベルクをめぐっての発言である（このところなどを、聞き手の濱田は「強烈な意見」と思ったのであろう）。

ウゴルスキ　バッハの場合がよい例ですが、本当にすばらしい音楽家というのは、正しく評価されるまでに時間がかかるんです。これから百年後の二一〇〇年には、おそらく、シュトックハウゼンやその一派は、みんな忘れられてしまう。スクリャービンは、バッハと同様に、すばらしい作曲家として残っていきます。

二十世紀の音楽は、史上、たいへん悲惨な時代を経たんです。たとえばシェーンベルク、これは天才どころか全く才能がない音楽家の典型なんです。才能に欠けた人間の条件をすべて備えた人です。「十二音音階」を発明するなんて、まさに才能なき者の特徴だ。それにもかかわらず、シェーンベルクは、いま権威を持っている。本当を言えば、彼の作品なんて誰も聴きたくはないんです。オペラにしたって、台本も趣味が悪いし。

——おうかがいしますが、今後ともシェーンベルクをお弾きになることはないわけですか、たとえどこかから依頼があっても……。

ウゴルスキ　シェーンベルクの曲は全部覚えているし、今でも弾けますよ。でも、彼の曲はイメージが悪い。色でいうならグレーですね。今後、弾くことがあるかないかはわかりません。ただ、彼の音楽が世の中から消えてしまうと仮定しましょう。その場合、私はべつに残念とは思わないし、なくなったことに気づきさえしないでしょう。私にとって、どうでもいいものだからです（笑）。

たとえばモーツァルトが消えてなくなったら私は悲しいと思いますが、アルバン・ベルクの《ルル》がなくなっても、シェーンベルク同様、私は気づきもしないでしょう。いま、濱田さんは笑われましたね。私と同意見で、喜んでいらっしゃるのではないですか（笑）。

――なんというか、びっくりしているのです。音楽家のかたで、そこまで言われるかたは、ごく少ないので……。

ウゴルスキ　二十世紀に名声を博し、権威づけられた作曲家の大部分について、私はそのように言うしかない。中で、例えばショスタコーヴィッチは、これからも、みんなが聴きたいと思うであろう作品を残していますね。決して全部ではないけれども。

私もかねてより、シェーンベルクから始まる「現代音楽」は、贋物ではないかと直観していたが、ある意味で門外漢に過ぎない私としては、それを確信し切るというところまでは行きかねていた。

しかし、ウゴルスキという、創造力に満ちたピアニストであり、私も敬愛措く能わざる人が、ここまではっきりと言ってくれたことは、たいへんうれしかった（また、ウゴルスキの名盤に、ブラームスのピアノ・ソナタ全三曲、ヘンデル・ヴァリエーション、そしてバッハのシャコンヌの左手用の編曲が入った二枚組のCDがあるのも、意味深く感じられて来る）。「同意見」であっても、シェーンベルクのことをここまで言ってしまっては、「現代音楽」の「業界」では生きていけないのであろう。シェーンベルクの没後五〇年のときの雑誌に載った、音楽評論家たちの文章などは、評価しているのかしていないのか、どっちともつかぬ、言質をとられないように及び腰の、実になまぬるいものが多かった。

このような惨状は、吉田秀和ですらそうであったことを思うとき、「現代音楽」の世界の底知れぬ空虚さを感じる。吉田は、『私の好きな曲』（一九八五年）でブラームスのヴァイオリン協奏曲をとりあげたが、最後にとりあげた曲は、何とベルク（あのウィトゲンシュタインが、その作品を「恥ずべき代物」と言った）のヴァイオリン協奏曲であった。

その中で、次のような「自分が冒したあやまち」について、正直に書いている。

ただ、私は、ベルクの音楽を書く時、自分が冒したあやまちについて、全然、口をぬぐってすますわけにもいかないのだ。今から考えれば、全く滑稽であり、情けないことであるが、五十年代から六十年代のはじめにかけて、わたしは、新しく創造される芸術音楽は、それまでの調性による音楽的思考からぬけだして、十二音の技法を骨幹とする無調の音楽でなければならず、過渡期の常として、そうでないものも書かれているのは事実だが、おそかれ早かれ、そういう音楽は過去の生き残りとして評価されるのであって、未来はそこにはない。――簡単にいえば、こんなふうに考えていた。いや、こんなつもりでいたのである。

しかし、その「あやまち」に気づいてから、大分経ってからの『私の好きな曲』でも、ベルクのヴァイオリン協奏曲をとりあげているのだ。そして、最後に「私は、この連載の間、いつも心がけながら、とうとうシェーンベルクについて書くことができなかったけれど、そのシェーンベルクと並んで、アルバン・ベルクこそ二十世紀における最も宗教的な音楽家だったと考えているのである。」と書いている。あんまり「あやまち」を反省していないようである。それとも、やはりシェーンベルクやベルクをそれなりに褒めなければ（というより、認めているのか認めていないのかあいまいのままにしていなければ）音楽評論家として「権威」を振るうことはできなかったのか。ベルクのヴァイオリン協奏曲の或る箇所について、「たとえようのない美しさであり、二十世紀にかかれたあらゆる音楽の中でも、最も気高い光をもつものといっても過言ではないだろう。」と絶賛しているが、ウィトゲンシュタインの「恥ずべき代物」という言葉やウゴルスキの発言が頭に染み込んでしまい、この曲を聴いてみようという気が私にはどうしても起きてこないのはやむを得ない。

これまで書いてきたシェーンベルクについての考えは、実はクラシック音楽についての批評文をまとめた『国のさゝやき』という本の中の「シェーンベルク・贋の偶像」という章で書いたことでもあったが、この本の書評が『東京新聞』に出たことがある。その評者は、吉田秀和と並ぶ音楽評論界の重鎮、遠山一行であった。その書評の中で、「筆は自由に動いて、通常の音楽評論をこえた領域に達する。」というような有難い評価をしていただいたのだが、結びにやはり、「現代音楽」の問題が出てくる。

新保氏は最近の音楽の状況には厳しい言葉をのべている。これもまた同感するところが多いが、いわゆる「現代音楽」をまとめて全否定というのは、いささか過激な気がしないでもない。調性が倫理的な言語だというのはその通りで、それをはずれた現代音楽が脱倫理の審美主義に堕り易いのは事実だが、それでも時にはそこにすぐれた倫理的表現があり得ることは――新保氏が「贋の偶像」というシェーンベルクを含めて――氏にも知っていただきたいのである。

私は、倫理というものをそんなにややこしく、あるいは教養主義的にとらえようという気はなく(倫理とは、純朴なものである)、この遠山氏の助言に従うことはなかった。

ウゴルスキの「二十世紀の音楽は、史上、たいへん悲惨な時代を経た」という言い方は、「二十世紀に名声を博し、権威づけられた作曲家の大部分」の作品が、贋物であったという「悲惨」の他に、その「権威」が強権的な圧力を持っていたことも示唆しているように思われる。ウゴルスキが、旧ソ連政権下に迫害を受けた人であったことは、その発言に説得力を持たせている。

セシル・グレイの『音楽の現在及び将来』（大田黒元雄訳、一九四二年刊）という古本を入手して読んだことがある。原書は、一九三六年の出版である。グレイは、英国の音楽評論家で、シベリウスを早く認めた人でもある。私は、『シベリウスと宣長』というシベリウス論を書くにあたって、この人のシベリウスの七つの交響曲についての本に多くを教えられたものであった。

グレイは、この本の第七章「無調音楽」の中で、音楽上の無調主義と政治上の共産主義がよく似ていると鋭く指摘している。

事実、音楽上の無調主義と政治上の共産主義との間には皮相的な相似以上のものがある。旧政体の顚覆が万人のための自由を齎《もた》らさずに、別の階級の圧政、無産者の独裁を齎らす結果となつたのと同じ具合に、音楽においても一切の音程が平等であると唱へられる体系に賛成して、その主音と属音とを王と女王とする音調体系を禁圧したことは、実際上、思ひのままに作曲する絶対の自由を齎らさないで、旋律的にも和声的にも、いはば「半音階主義の独裁」の一種と、旧体制を聯想させる進行の容赦ない禁圧とを齎らす結果になつたのである。

そして、グレイは、シェーンベルクはレーニンであり、ベルクはスターリン、ウェーベルンはトロツキーになぞらえることができるといっている。「政治上の共産主義」ソ連は三〇年前に崩壊したが、「音楽上の無調主義」の方は、いまだ延命工作がなされているようである。「現代音楽家」が既に消失した存在意義をなおも主張しつづける限り、何となく残っていくことになるのであろう。今日のロシアが、ソ連の亡霊として蘇ろうとしているように。

第四の変奏　「無調音楽と十二音音楽は演奏しません。」（ブルーノ・ワルター）

二〇年ほど前になるが、ＮＨＫ衛星第二放送で、「ブルーノ・ワルターのリハーサル」と題された記録フィルムを観たことがある。ワルターは、いうまでもなく、フルトヴェングラーやトスカニーニなどと並ぶ二十世紀を代表する名指揮者の一人であり、モーツァルトの交響曲第40番ト短調は、ワルターのものが最高であろう。小林秀雄のいわゆる「疾走する悲しみ」が、聴こえる。

この記録フィルムは、一九五八年、ワルター八十二歳のときのものである。その年のバンクーバー国際音楽祭でのリハーサル風景と音楽評論家アルバート・ゴールドバーグによるインタヴューから成る、一時間のフィルムであった。このリハーサルでやっていた曲は、奇しくもブラームスの交響曲第2番ニ長調であった。このブラームスの音楽が鳴った後に、インタヴューにおける「現代音楽」批判が出て来るのは、偶然ならざるものがある。「音楽の中で、私は語っているのです。」といったブラームスの音楽の中に、ワルターが語ったことが聴こえるからある。

ワルターは、「現代音楽」（無調音楽と十二音音楽）について、「肌に合わない音楽」だといって、次のように語っていた（翻訳は字幕による）。

人工的なものが嫌いなので、無調音楽と十二音音楽は演奏しません。無調音楽について話しましょう。正しい話し方をするには、文法が不可欠です。決められた法則に従って言葉を用いなければなりません。音楽の世界も同じで、やはり従うべき法則があります。ただ音楽の法則は文法と違い、言葉ではうまく説明できない。理論ではなく肌で感じとるものです。その感覚が失われたとき、音楽は音楽でなくなります。無調音楽が音楽の法則から逃れようとしても、逃れきれるものではないのです。

ところが逆に、十二音音楽は法則が多すぎてがんじがらめ。しかも人工的な法則だ、そう、理論を強制しているわけだから認めたくない、私には耐え難いのです。

ワルターは、「私には耐え難い」と言っているが、この表現は、ウィトゲンシュタインが「ブラームスより後の音楽に耐えられなかった」ことを連想させる。

ここで、音楽の法則といわれているのは、無論、「調性」のことであり、「現代音楽」を特徴づけるのは、「無調性」、即ち「調性」の否定であることは改めて言うまでもない。無調性音楽が最初に意図的に作られたのは、一九〇八年シェーンベルクらによってであるから、「無調性」というものも、今日、二十一世紀も二〇年余り経った時点で振り返るならば、大きく言って「西洋の没落」の一現象であったのである。シュペングラーの『西洋の没落』の第一巻が出版されたのは、第一次世界大戦末期の一九一八年であった。

この「無調性」というものは、或る意味で音楽に限らず「西洋の没落」の根本にあるものだったかもしれない。「調性」というものは、精神の基本的な在り方を定める軸であり、美術も「無調」化したともいえるし、文学も「無調」化したといった方が、作風の表層的な多様さに惑わされずに、事の本質を言い当てているように思われる。

人類の文化史上、確かに最高の達成に違いない近代ヨーロッパの文化（内村鑑三が「人類の最善は第十九世紀を以って言尽くされたのではあるまい乎。」と言ったことを思い出そう）とは、究極的に「調性」に基づくものであり、「調性」が崩壊し、「無調性」の混沌の中に溺死していった「現代音楽」は、「西洋の没落」の象徴に他ならなかった。

一八七六年生まれのワルターの、「私には耐え難いのです」という呻きは、十九世紀までつづいた「調性」の中で精神形成をした「近代ヨーロッパ人」の、二十世紀という「無調性」の時代への厳しい批判なのである。

ワルターは、一九三五年に行った講演「音楽の道徳的ちからについて」（佐野利勝訳）の中で、音楽には人間に対して発せられる「倫理的呼びかけ」があるのだといって、音楽に「一つの根本法則があって、それが音楽の流動する無限の富を規制していることを感得することができます。」とつづけている。この「根本法則」は、前出の「法則」に通じるものであるが、それはどういうものかがここで、説明されている。

つまり、不協和音は協和音へと至らんと欲する。別言すれば、不協和音は協和音へと融け入らねばならないのです。音楽の——あらゆる音楽の——時間的流れは、それが誰の作曲に成るものであるかを問わず、つまり宥和、満足、安らかなハーモニーへのこの志向から成り立っているのであります。この傾向——和声学的な不安定状態から安定状態への志向——は、音楽にとり（と言ってもここに論じているのはもっぱらヨーロッパの音楽ですが）本然的なものであります。不協和音が不完全なもの、完全をもとめるもの、また完全をもとめるべく強いられており、かつまたわれわれをそのように強いるものであって、協和音になることを欲してやまないということ、そして、あらゆる音楽はその終結部においては基礎和音の最後的な安らぎへと辿りつくということ……音楽は本来そのようなものであって、この点はうごかしがたいのであります。（中略）ところで、不協和音とか協和音とかいう概念は、調性の概念を基盤としているます。つまり、一つの和音はそれが一つの調性の方向を志向してうごいているか、あるいはそれをすでに獲得しているかにしたがって、不協和音ともなり協和音ともなるのです。調性の概念を否定する者は、実はそうすることによって同時に協和音不協和音の概念を否定しているのです。調性を無視する作曲家たちの誤謬はここにあるのです。

「調性」音楽は、深い意味で倫理的なのであり、「無調性」音楽とは、根本的な意味で無倫理の音のつらなりであり、美学だけが倫理から切り離されて、変態的に肥大化し、複雑になる。遠山一行は「調性が倫理的な言語だというのはその通りで、それをはずれた現代音楽が脱倫理の審美主義に堕り易いのは事実だが、それでも時にはそこにすぐれた倫理的表現があり得ることは――新保氏が『贋の偶像』というシェーンベルクを含めて――氏にも知っていただきたいのである。」と書いていたが、私には、そういう「時」に出会ったことはないし、そもそもそんなわずかに「すぐれた倫理的表現があり得ること」から「現代音楽」を認めようとする「業界」意識が分からない。そこまで、この「業界」には、旧ソ連のような「禁圧」があるのであろうか。

さらにワルターは、「音楽自身が物語るものと、一人の作曲家が音楽を通じてわれわれに語るところのものを厳密に区別して考えねばなりません。」といって、「たとえ作曲家が音楽によって苦悩を語ろうとも、音楽自体は同時に幸福を小声で囁いている、そして、音楽の独自の声は作曲家の語る縷々たる物語よりもより強力なのです。作曲家があらんかぎりの声で『否』と叫ぼうとも、彼がこの叫びのために用いずにおれない言葉は、かすかな、しかしより力強い『然り』を同時に歌っているのであります。」と人間と人間を超えるものとの深いつながりを暗示させる深い言葉で語っている。

このワルターの言葉は、ブラームスの晩年の音楽に、特に感じられるものかもしれない。ブラームスが「あらんかぎりの声で『否』と叫ぼうとも」、ブラームスの音楽の中には「かすかな、しかしより力強い『然り』」が歌われているからである。

ワルターのいう「調性」は、音楽に限らず、十九世紀までの文学にも、美術にもあったであろう。ドストエフスキーの文学が、どんなに悲惨であろうと、そのミゼールには「調性」がある。『罪と罰』は、ハ短調で書かれているといえないか。『カラマーゾフの兄弟』は、ニ短調で、またトルストイの『戦争と平和』は、変ホ長調で、といういいかたは決して間違ってはいまい。セザンヌの絵は、「調性」絵画の極致ということもできよう。

二十世紀とは、結局、あらゆる分野で「無調性」の時代であった。「無調性」音楽が、痙攣的な美を感じさせるように、「無調性」文学は痙攣的な批評をかきたてるのである。痙攣も、癖になると快感をもたらす。現代文化の病巣は、「無調性」文化であることにあるのだ。

内村鑑三の、一九二七年（昭和二年）の六月十三日の「日記」には、次のような記述がある。

> 久振りにて塵埃を冒して日本橋の丸善に行《ゆ》いた。書物の数は多しと雖《いえど》も、自分が読まんと欲する者は殆《ほと》んどなく、一時間以上探索の後に、近頃有名なるウイル・ヂユラント著「哲学の話」他一書を求めて帰つた。熟々《つらつら》思ふに十九世紀は二十世紀に較べて遥かに真面目なる世紀であつた。十九世紀に於て読んだやうな真面目なる著書に今や接する事が出来ない。近代式と云へば凡てが「和製」と云ふが如くに浅薄で粗雑である。殊に信仰の書類の然《しか》るを見る。書店を漁りて世界思想の全体に著しく低下せるを感ぜざるを得ない。

これは、「信仰」、「思想」だけではなく、文学、芸術、風俗などについても言えることであろう。特に、ここで問題になっている音楽についていえば、ピエール・ブーレーズの発言を思い出す。ブーレーズといえば、「現代音楽」の「前衛」の最先端を歩み続けた音楽家で、二〇一六年に九十歳で死んだ。彼が、一九九五年に来日したときの記者会見で、「二十世紀も終わりというのに、二十世紀音楽をいまだに聴衆は恐れている。私たちは二十世紀音楽を自分の手の内に捉えるべきである。そうしないと、現在の音楽になる前に過去の音楽になってしまう。」と言った。別に「聴衆」は「恐れている」わけではない。こういう言い方が「現代音楽家」の驕慢から来る錯誤を露呈している。「聴衆」は、それがそもそも音楽ではないと感じているだけだ。しかし、この人にして、実はこのような危機感を抱いていた。そして、ブーレーズの予感は残酷なことにあたって、二十一世紀も二〇年余り経った今日、二十世紀音楽は一度も「現在の音楽」になることもなく、ただ「過去の音楽」になり終わったのだ。

第五の変奏　「サヨナラ、クレマンソー君、サヨナラ十九世紀、と言ひたくなる。」

（内村鑑三「日記」一九二九年十一月二十七日）

内村鑑三の英文著作『Representaitive Men of Japan』（『代表的日本人』）の旧版『Japan and Japanese』は、一八九四年（明治二十七年）に発行された。西郷隆盛、上杉鷹山、二宮尊徳、中江藤樹、日蓮上人の五人を「代表的日本人」としてとりあげたこの名著が名著たる所以については、改めて書く必要もないであろう。この英文著作は、ドイツ語やデンマーク語に翻訳されたことが知られているが、海外での反響について、内村の一九二五年（大正十四年）の「日記」には、次のように書かれている。

二月二日（日）晴　在巴里《パリ》『聖書之研究』初号よりの読者なる久我貞三郎君より、十二月二十九日出の書面が達した。其一節に曰く、

御著書 Representative Men of Japan（代表的日本人）をソルボンヌ大学総長 Appell 氏及び前首相 Clemenceau 氏に贈り候所、A氏は非常に有益なる名著と称し、C氏は健康だに許せば日本に行《ゆ》いて思想家と話して見たいと申居候。

自分の書いた者をクレマンソーが読んで呉《く》れたとは嬉しい。自分は仏国の政治家は大体に嫌ひ

であるが、然し日本の政治家とは異なり、ドコカに深い偉らい所があるのであらう。何れにしろ少しなりとも欧文を以て自分の思想を書いて置いた事は幸福であつた。之に由て今日まで既に全世界に於て多くの知己を得ることが出来た。

久我貞三郎は、東京商科大学（現、一橋大学）を卒業し、当時三菱商事のパリ支店長であった。このような立場にあったので、ソルボンヌ大学の総長やクレマンソーに内村鑑三の著作を贈ることができたし、その感想を聞くような交わりもしていたのであろう。それにしても、久我のような実業家が、内村の『聖書之研究』の初号からの読者ということを知ると、改めて近代日本における内村鑑三の深くて広い影響に感嘆せざるを得ない。このような人物が、三菱商事のパリ支店長を務めていたのである。

フランスのナビ派の画家モーリス・ドニによる久我貞三郎の肖像画（一九二五年頃）が、国立西洋美術館に収蔵されている。久我の品性の高さがよく描かれた名画だと思う（内村鑑三は、「成功の秘訣」十か条の最後に、「人もし全世界を得るとも其霊魂を失はゞ何の益あらんや。人生の目的は金銭を得るに非ず、品性を完成するにあり。」と書いた）。ドニのような画家が、肖像画を描いたということにもその交際の広がりがうかがわれる。「人生の目的は金銭を得るに非ず、品性を完成するにあり。」という教えを身に付けた人物が、三菱商事のパリ支店長のような要職を務めていたというようなことが、実は近代日本の発展の原動力の一つであった。このような逆説が、近代日本における倫理性の基盤であったのだ。

「ドコカに深い偉らい所」という内村の言葉は、「常に脳中に一大問題を蓄ふべし」という文章を思い出させる。フランスのクレマンソーに対して、英国の大政治家と言えば、グラッドストーンとディズレイリだが、グラッドストーンを引き合いに次のように書いている。

詩人テニソンの最も注意せし問題は、霊魂不滅未来存在の問題なりしと云ふ。故グラッドストーン氏、亦此問題に彼の終生の思考を注ぎ、死に瀕するの際バトラーの類似論に評注を加へ、彼の豊富なる観察と思考との結果を世に遺して逝けり。政治家にまれ、文学者にまれ、或は商売人にまれ、職工にまれ、常に此世以上の一問題を彼の脳中に蓄へ置く事は、彼の品性を高め、彼の悟性を明かにし、彼をして俗界の穢気に触るゝの憂なからしむ。

内村には、クレマンソーが「常に脳中に一大問題を蓄」えている大政治家と見えていたのであろう。クレマンソーが、一九二九年の十一月二十四日に八十八歳で死去したことを知ったとき、「日記」に次のようなことを書いている（『代表的日本人』のことを『余は如何にして基督信徒となりし乎』と書き間違えている）。

十一月二十七日（水）半晴　仏の大政治家、第十九世紀の大産物ジョージュ・クレマンソー長逝して今昔の感に堪へない。彼は千八百四十一年の生れであつて自分よりも二十年の年長者である。彼はその長き生涯に於て多くの驚くべき事件を目撃した。日本国の勃興、米国の南北戦争、露土戦争、殊に普魯西《プロシア》の勃興に対する仏蘭西《フランス》の一時的衰退、最後に世界大戦争に於て独逸《ドイツ》の挫折と仏国の復仇、そして彼れ自身の生涯が其《その》大部分に深き関係を有《も》つたのである。世界的偉人とは彼の如き者を指して云ふのである。殊に自分に取り思出多きは此偉人が自分の『余は如何にして基督信徒となりし乎』を読んで呉れしとの事である。彼は其一冊を彼に贈りし日本人某氏に書送りて曰うた「余は日本に往いて著者に会ふて意見を交換せんと欲す」と。クレマンソーは欧米諸国に於ては無神論者として知らる。然し彼も亦《また》欧米知名の無神論者の如くに無神論者に非ずして無教会論者であつたのである。自分の如き若《も》し所謂《いわゆる》基督教国に生れしならば、無神論者として教会に扱はれたのである。クレマンソーは仏国加特利《カトリック》教会又は英国監督教会の信ずる神を信じ得なかつたのである。真に同情すべき尊敬すべき人物である。今や此人《この》亡し、寂寥の感に堪へない。第十九世紀が彼と共に逝きしが如くに感ずる。サヨナラ、クレマンソー君、サヨナラ十九世紀と言ひたくなる。

内村は、翌一九三〇年（昭和五年）三月二十八日に六十九歳で死去したので、この死の四か月前の「サヨナラ」は特別な響きをもって聴こえる。「欧米諸国に於ては無神論者として知ら」れているクレマンソーが、「無神論者に非ずして無教会論者であつた」かについては、私は確言できないのだが、岩波文庫の『代表的日本人』の翻訳者である鈴木俊郎が、解説に次のように書いていることは確かであろう。

周知の如く「日本」に「イエス」を伝ふるがためにその生涯を献げ「無教会主義者」「武士的基督者」として欧米の教会的勢力に対し終始全く独立の道を歩んだ著者は、その魁偉な風丰が「猛虎」と称ばれたクレマンソーと甚だ似てゐた許りでなく、その剛毅な独立心と愛国心とに於て極めて相通ずるところがあつたと思はれる。

内村鑑三とクレマンソーの「風丰」が、似ているというのは面白い指摘である。そういえば、志賀直哉は、内村鑑三の顔は、ニーチェにもカーライルにもどこか似ていると書いていた。

さて、ブラームスについて「無神論者」であったと言われることがある。ブラームスは、八歳年下のドヴォルジャークが世に出るのを少なからず応援した人であったが、そのドヴォルジャークは、ブラームスについて、あれ程の人が遂に無神論者とは、と嘆いたと言われる。北ドイツの港町ハンブルク生まれの近代人であるブラームスは、プロテスタント教徒ではあったが、ボヘミアの田舎生まれの素朴なカトリック教徒ドヴォルジャークには、そう見えたのである。しかし、ブラームス「も亦欧米知名の無神論者の如くに無神論者に非ずして無教会論者であつたのである」。

それは、「ドイツ・レクイエム」や最後の歌曲「4つの厳粛な歌」を聴けば、分かる。ブラームスが、無神論者を思わせる発言を時にしたとしても、第二主題の第一の変奏のところでも引用した「音楽の中で、私は語っているのです。」というブラームスの言葉を思い出すならば、「ドイツ・レクイエム」の中に聴こえるブラームスの信仰は、深く堅固なものである。同郷の詩人、ヘッベルはブラームスについて「荒波に打たれても揺るがない、強大で堅固な花崗岩の塊」と言った。内村の言う「無教会論者」であることは、「ドイツ・レクイエム」が、教会で歌われるものではなく音楽会用のものとして作られたことにもあらわれている。

ブラームスの伝記などの最後に、ウィーンの中央墓地に向かう葬列の白黒写真が載っていることがある。奥の方に向かって進んでいく葬列の歩みの足音やそれを見送っている人々の静かな嘆きの声が聴こえてくるようなこの写真をみていると、私も「今や此人亡し、寂寥の感に堪へない。第十九世紀が彼と共に逝きしが如くに感ずる。」サヨナラ、ブラームス君、サヨナラ十九世紀と言いたくなる。

第三主題　『西洋音楽史を聴く——バロック・クラシック・ロマン派の本質』を読む

第一の変奏

「現代の芸術――美術も音楽も文学も――から頑《かたく》ななまでに眼を背け、霞《かすみ》のかかった彼方に遠退《とおの》いた古典を追い求めようとした。」

（前川誠郎）

前川誠郎著『西洋音楽史を聴く――バロック・クラシック・ロマン派の本質』（講談社学術文庫、二〇一九年）は、思考を様々に刺激してくれる本である。名著というほどのものではないかも知れないが、変奏するにはかえってそういうものの方が主題としては向いている。

前川誠郎（一九二〇年生、二〇一〇年没）は、ドイツの画家、アルブレヒト・デューラーの研究で名高い美術史家であるが、専門の美術に関する研究書よりもこの音楽史をめぐってのエッセイの方に著者の精神が自由に流露しているように思われる。ひょっとすると美術より音楽の方が好きだったのかも知れない。

例えば、デューラーの『ネーデルラント旅日記』（前川誠郎訳、岩波文庫、二〇〇七年）の翻訳や解説を読むと、研究の立派な業績なのであろうが、著者の精神の表現は、研究としては当然ながら、控えられている。しかし、抑えられないものを持っている人のように思われる。それは、旅日記の中の「ルッター哀悼文」についての記述にもあらわれている。

丁度、デューラーが旅をしているとき、一五二一年五月四日にアイゼナッハ近郊でルッター逮捕という事件が起きた。「デューラーはその報せを事件から十三日後に知り、驚愕も醒めやらぬまま悲痛極まりない哀悼文を書いた。そして出納簿はもとより日記をも遠く逸脱した大文章によって、本書に不朽の生命を与えたのであった。」とある。そして、この「ルッター哀悼文」について、次のように書いている。

ところでこの哀悼文は全体を通して一気に書かれてはいるものの、およそ四つの段落に分けて読めるかと思う。則ちまず悲報の到来とその依って起こった理由についての考察、次いで救世主ルッター亡きいま、彼に代わるべき真のキリスト者の派遣を神に求める祈り、そして第三段ではデューラーがこの人を措いて他にないと信じるエラスムスに向かって万事を放擲して蹶起することを懇願し、これが全体の主文となしている。そして黙示録を引用した第四段は結尾の祈りである。ルッター逮捕という世界史的出来事の生々しいルポルタージュであることを離れても、私はこの大文章によって初めてキリスト教そのものをよく理解できたという印象を強く持つものである。実に素晴らしい。

デューラーの生々しい「ルッター哀悼文」を読んで、「初めてキリスト教そのものをよく理解できたという印象を強く持つ」というような文章には、前川誠郎の「理解」というもの（それは、もちろん専門の美術や愛好する音楽に対するものでもある）が、いかなるものであるかを示している。いわゆる研究者の「理解」を突き抜けたところがある。ルッターという人間の存在の意義、そしてそのルッター逮捕の衝撃が、デューラーという天才に引き起こした精神の劇。これらの歴史的状況のただ中で、もっとも深いところで、過去のこととしてではなく、今のこととして起きているように把握させられたこと。これが、「初めてキリスト教そのものをよく理解できた」ということなのだ。キリスト教は、最も深い意味で歴史的なものだからである。また、前川誠郎が、「キリスト教」ではなく、「キリスト教そのもの」と書いていることにも注意しなければならない。「キリスト教」は、研究の対象として捉えられたものであるのに対して、「キリスト教そのもの」とは、根源としての「キリスト教」のことをさしているからである。

このような「理解」をする前川誠郎という美術史家が書く音楽史である。どのようなことが書かれているか、深い興味をもって読んでいくことにする。「はじめに」の冒頭に、「私は音楽に関しては全くのディレッタントであって、レコードを愛聴する以外に専門的な勉強をしたことがない。」と認めてはいるが、また「殊に美術よりも先に音楽に親しんだ私にとっては、音楽を通して美術を理解する便宜を得たことも稀ではなかった。」と書いている。

前川誠郎の世代には、丸山眞男（一九一四年生、一九九六年没）や五味康祐《やすすけ》（一九二一年生、一九八〇年没）のように前川と同じく「全くディレッタント」でありながら、「レコードを愛聴する」ことで、クラシック音楽の本質を聴きとった人物が少なくない。丸山眞男は、「自分が音楽の道に入っていたら、政治思想のようなつまらないものはしなかった」と告白しているし、五味康祐が、文学よりも音楽を愛したことは、有名なオーディオ狂であったことにも明らかである。

小林秀雄の世代以降の近代日本人にとって、レコードによるクラシック音楽の愛聴は、西洋音楽の神髄を聴き取る深い経験だった。レコードによって聴いたことは、生で聴いたのとは違う意味を持っていた。小林の『ゴッホの手紙』（一九五二年刊）の中に、「悪条件とは何か。」と書いて、次のように続けている。

文学は翻訳で読み、音楽はレコードで聞き、絵は複製で見る。誰も彼もが、さうして来たのだ、少くとも、凡そ近代芸術に関する僕等の最初の開眼は、さういふ経験に頼つてなされたのである。翻訳文化といふ軽蔑的な言葉が屢々人の口に上る。尤もな言ひ分であるが、尤もも過ぎれば嘘になる。近代の日本文化が翻訳文化であるといふ事と、僕等の喜びも悲しみもその中にしかあり得なかつたし、現在も未だないといふ事とは違ふ事である。

小林秀雄らしい逆説的な発想である。音楽をレコードで聴く経験の中に「喜びも悲しみも」あったのである。生で聴くよりも逆説的に、深く聴き取った。生で聴く音楽は、感覚を大きく刺激して遠心的な体験になりがちだが、レコードで聴くとき当時の青年たちは、そのレコードを一種の書籍のようにして対したのであって、その音楽の内面的な意味をつかみ取ることに集中したのだ。音楽を聴くということが、求心的になることによって「悪条件」は、好条件だったのである。その例が、小林秀雄がモーツァルトの音楽に聴き取った「疾走する悲しみ」であり、丸山眞男や五味康祐の音楽について書かれた文章の中に見て取れる卓見も、そのようなレコードの聴き方から生まれた。前川誠郎のレコード愛聴もそのようなものだったに違いない。

「――インテルメッツォ――」と題された章の中で、「病膏肓《こうこう》に入ったレコード狂」である友人にマーラーについて「この作曲家に終生付きまとったであろうFreund Hein（死神《フロイント・ハイン》）に触れて、度を過ぎた自己告白には小々閉口だ」と語ったとあった。また、第六章の「クラシックの終焉」の中でマーラーについて「交響曲はその形が悉く規矩から外れ（amorph）、あるいは歔欷《きょき》しあるいは咆《ほう》哮《こう》する大オーケストラにものを言わせて聴くものを陶酔境へと拉《らっ》し去る。演奏に一時間以上掛かる場合も寡《すくな》くない。古典的交響曲の枠組みをすっかり壊してしまっているので歯止めになるものがない。」と書かれているところを読んだとき、ある記憶が蘇って来た。

大学生の頃、ほとんど授業には出ない学生だったが、美術史の講義は出席した方であった。確か西洋の古典絵画についての授業の中で、教授が、美術のことを話しているのに、美術上の何かについて、突然、マーラーの交響曲で金管が咆哮するように云々と否定的なトーンで語ったのである。このときの印象は、何故か鮮明で、大学時代の授業で、記憶しているのはこれだけと言ってもいいくらいである。忘れていたが、今から思えば、この講義は前川誠郎教授のものだったに違いない。西洋の古典絵画についてどのような内容のことが話されたのかは全く覚えていないが、何か前川教授の芸術に対する姿勢のトーンに惹かれるものがあったのであろう。

そのトーンは、本書（原本は、二〇〇六年、著者が八十六歳のとき刊行された）を読んで、私に近いものであることが確認された。それは、例えば、最後の章、第七章の「二十世紀の音楽」の冒頭に書かれている、次のような文章である。

一九二〇年生まれの私は二十世紀を八十年生きた。二十世紀は自分の世紀であった。そこでは美術でも音楽でも嘗《かつ》てなかった大きな変革が次々と起こり、人々は当惑しながら対応に追われた。抽象絵画とか無調性音楽とか、それを具現化していく芸術家本人以外には理解も共感も難しい無数の動向が、激しい消長を繰り返しながら現われてはまた消えていった。評論がこの世紀ほど重要視されたことはないが、その多くは言葉を弄ぶだけの百家争鳴に終わった。

これが、美術の古典を対象とした美術史家（「はしがき」に「八十六叟」と自称している）の「二十世紀」の美術と音楽に対する忌憚のない否定であった。

私は自分が同時代人として八十年の長きに亘って生きて来た現代の芸術――美術も音楽も文学も――から頑ななまでに眼を背け、霞のかかった彼方に遠退いた古典を追い求めようとした。その態度は余りにも怯懦《きょうだ》であった。（中略）それにしても二十世紀の芸術の革新とはまことに暴力的であった。美術にせよ音楽にせよ、私はその騒然たる革命に対し、ひたすら眼を瞑《つむ》り耳を塞《ふさ》ごうとするばかりであった。

この「八十六叟」前川誠郎の精神の姿勢は、ほとんど私のものであった。私の場合、文学も問題になるが、「頑ななまでに眼を背け」「ひたすら眼を瞑り耳を塞ごうとするばかりであった」のは同じである。私も、実は、『内村鑑三』でデビューした後の数年は、「文芸評論家」として生きるために、新刊の小説の書評を随分やったものである。その年の芥川賞作品などであったが、気乗りのしない仕事だった。そんなことをしているうちに、一九九九年に現代における「文芸評論家」の代表的存在である江藤淳が自殺した。現代の文学を対象とした文芸評論を書いて、何か意味あるものとすることが出来たのは、江藤淳の文芸評論で終わったと思った。それ以来、私は「文芸批評家」と名乗り、その「騒然たる」作品群に対し、「ひたすら眼を瞑り耳を塞ごう」として来た。そして、「古典」を対象とすることに向ったのである。

第二の変奏　「私は齢をとるにつれて、いよいよシューベルトに深い親しみを覚えるようになった。」（前川誠郎）

この本の中で、共感を覚えたり、気になったところはいくつもあるが、例えば、次のようなフーガをめぐっての文章である。

バッハやヘンデルのフーガを聴いてから例えばベートーヴェンの弦楽四重奏曲《大フーガ》（Op. 133）に接すると、それが如何に力作であろうと、もうフーガの時代は終わったとの印象はどうしても否めない。聴く人を躍動させる内からの活気が消えて、ただ複雑極まりない技巧だけが目立つのである。

私は、『ベートーヴェン　一曲一生』の中で、この曲の「大フーガ」について、次のように書いていた。

これは、何回聴いても、よく分からない。感動がストレートに来ない。フーガという形式に関心を持って聴く人には、違って聴こえるのであろうが。

解説書には、「この四重奏曲（13番）には終曲第6楽章に巨大なフーガを置いた形で完成され、1826年3月21日にシュパンツィヒ弦楽四重奏団によって初演された。それは概ね好評だったといわれるが、しかし最後のきわめて長大で晦渋なフーガはさすがに一部の不評を買ったらしく、周囲の進言、ことに楽譜の売れ行きを懸念した出版社アルタリアの意向もあって、やがてベートーヴェンはフーガに代わる新しいフィナーレを書くことになる。」とある。

私にも、このフーガを理解するだけの能力はまだない。

この前川誠郎の見解を知っていれば、私は、「能力はまだない」とは書かなくてもすんだだろう。ベートーヴェンの「大フーガ」は、「もうフーガの時代は終わった」ことを示す作品に他ならなかったからである。

ベートーヴェンの交響曲第3番《エロイカ》については、ナポレオン（奈翁）を描いた画家について触れ、次のように書いている。

奈翁と言えば画家ではダヴィッドとグロだ。ともにフランスの新古典主義の闘将であるが、生々しい事件を描きながら二百年後の今日まで作品を時効の外に置いたその迫力は凄まじい。また全ヨーロッパ的に見るならば、コンスタブルやターナーの英国風景画とスペインのゴヤの存在は限りなく未来を拓くものであった。他方当時のドイツの美術はとなるとそこには世界性の大きな欠如が目立つ。例えばターナーやコンスタブルとほぼ同年のカスパール・ダフィット・フリードリッヒにしても、その極めて内面的な自然観照は偏《ひと》えにドイツ民族にのみ語りかけ国境を越えることがない。

私は、この「カスパール・ダフィット・フリードリッヒ」について、『フリードリヒ　崇高のアリア』を二〇〇八年に上梓した。「偏えにドイツ民族にのみ語りかけ国境を越えることがない」とドイツ美術史の大家に言われてしまうと、確かにそうなのだろうと思う。私が、フリードリヒについて著書を出すことを先輩の文芸評論家に言ったとき、何でフリードリヒ大王なんかについての本を出すんだ、と不思議がられたことを思い出す。

フリードリヒについて、日本で語られることは「極めて」少ないし、著書もほとんどないに等しい。私の本の中でも、『フリードリヒ　崇高のアリア』は、読まれていない方に入る。しかし、「極めて内面的な自然観照」の画家・フリードリヒは、私の「特愛」の画家である。一冊の本まで書いてしまったが、このような、平たく言えば人気のない画家に深く心惹かれるのは、私の宿命なのであろう。それは、美術に限らず、音楽、思想、文学についても言えることである。

美術でいえば、後、私が書きたいと思っているのは、レンブラントとロイスダールである。共に十七世紀のオランダの画家だが、ロイスダールは余り日本で知られていないであろう。レンブラントは有名だが、フランス印象派のような人気はない。
前川誠郎も、専門はデューラーであった。このデューラーという画家も「極めて内面的」で「偏えにドイツ民族にのみ語りかけ国境を越えることがない」と言ってもいいのではないか。デューラーを研究する、あるいはフリードリヒを批評する、これは共に「現代の芸術――美術も音楽も文学も――から頑なまでに眼を背け、霞のかかった彼方に遠退いた古典を追い求めようとした」人間の宿命であったのであろう。
シューベルトをめぐっては、次のように書いている。

私は齢をとるにつれて、いよいよシューベルトに深い親しみを覚えるようになった。よく聴くのはピアノ曲が多く、それも《楽興の時》とか二巻の《即興曲集》などいずれも短い曲を集めたものに最も心を惹かれる。殊に《楽興の時》(D. 780) の第一、三番や《即興曲集》(D. 935) の第三番(変奏曲)などは、すでに七十年以上も前から聴いてきたものでありながら、その度に新たな至福の感動を覚え、音楽という芸術の原点に連れて来られたという感じに包まれる。

チェロのパブロ・カザルスも小林秀雄も、「齢をとるにつれて」、こういう感慨を述べていた。《即興曲集》には、晩年のルドルフ・ゼルキンの名演がある。「長い曲にも短い曲にも作りものめいたところが全くない。作られたのではなく生まれて来たのである。」とも書いているが、シューベルトの音楽には、何か生の深淵を覗き込ませるような引力がある。「原点」から「生まれて来た」かのような底知れなさがある。老年になると、生の「原点」に回帰するような面があるのであろう。『丸山眞男 音楽の対話』(中野雄著)の中に、「晩年の丸山が異常なまでに音楽にのめりこんでいたこと」や「寝室の枕頭にまで置かれた二十冊を超えるブラームスとシューベルトの楽譜」のことが書かれている。丸山も晩年、シューベルトとブラームスに心惹かれていったようである。同書には、「入院先の病床にポータブルCDプレーヤーとヘッド・フォンを持ち込み、私が新着の《ブラームス交響曲全集》(指揮フルトヴェングラー)をプレゼントしたときなど、ただちにオイレンブルク版の総譜《スコア》を取り寄せたほど音楽に打ち込んでいた」との記述もある。丸山も人生の最後には、ブラームスを聴いていたのか。

私が、『シュウベルト』(「シューベルト」と書かないで、「シュウベルト」と表記したのは、小林秀雄が「モーツァルト」ではなく「モオツァルト」と書いていたからである。それくらい、小林秀雄の『モオツァルト』に衝撃を受けていたし、敢えていえばそれに挑戦するつもりで執筆したのであった)を自費出版したのは、一九八九年の十二月、『内村鑑三』を構想社から上梓する半年前であった。私の場合は、三十代半ばの私なりの疾風怒濤の時代に、シューベルトの音楽に文字通りのめり込んでいたので、この本を出した後、シューベルトを聴くことは、三〇年余りの間敢えて避けていた。というのは、シューベルトを聴くと、その当時の「底知れなさ」に引きずり込まれるようで恐ろしかったからである。しかし、私も古稀になる。「齢をとるにつれて、いよいよシューベルトに深い親しみを覚えるようになった」と言えるときが、近づいているのかもしれない。それは、また死が近づいて来たということにもなるのであろう。

メンデルスゾーンのところでは、次のようなことを書いている。

小学生だった頃なんと美しい曲だと思って聴いていた《春の歌》への想いは、八十年近く経った今も少しも変わらない。それから中学時代に買ってもらった《ヴァイオリン協奏曲》――巨匠クライスラーのこの曲の二度目の録音であった――、そして高校へ入ってからよく訪れた叔父の家で何度となく聞いた《序曲　フィンガルの洞窟》――フルトヴェングラー指揮するベルリンフィルの演奏――、これら三曲のレコードが若かった私を西洋音楽鑑賞の正道へと導いてくれたとすれば、メンデルスゾーンへの私の想いは強まるばかりである。

前川誠郎の考え方に近いものを感じてきたが、このメンデルスゾーンへの想いを読むと、西洋の芸術に対するにあたっての「正道」についての捉え方も似ているように思う。私は、『ハリネズミの耳　音楽随想』（二〇一五年刊）の中で、メンデルスゾーンの「ヴェネツィアの舟歌」について「他者表現の芸術家」というタイトルで論じているが、その冒頭で、次のように書いた。

そもそも、クラシック音楽に心惹かれるものを感じた最初の曲は、実はメンデルスゾーンの有名な「ヴァイオリン協奏曲」であった。たしか小学生の四、五年の頃、音楽の授業のレコード鑑賞の時間に、この協奏曲の冒頭の部分を聴いたとき、私はそれまでの聴覚世界とは一線を画すような驚きを覚えたのであった。

そして、このメンデルスゾーンの章を次のように結んだ。

ショパンの音楽は、徹底的に、強烈に近代的である。いいかえれば「自己」が表に出た芸術、個性の芸術である。一方、メンデルスゾーンは、そういう人ではなかった。古典主義者ゲーテに愛され、バッハの「マタイ受難曲」を復活させたメンデルスゾーンは、他者表現の芸術家であった。自己表現を高く評価する近代に、ショパンより低く位置づけられてきたのも当然であろう。

しかし、時代は変わりつつある。メンデルスゾーンを通して、スコットランドやヴェネツィアは、まざまざと表現されている。その「ヴェネツィアの舟歌」を聴いていると、ヴェネツィアという時空間にすっぽりと入りこんでたゆたうような思いにさらわれてしまうのである。

これを書いてから数年後に、実際に半年間、ヴェネツィアに滞在することになった。この不思議な「時空間」の中で運河を眺めながら歩いたりしているとき、「ヴェネツィアの舟歌」の旋律がよく心に浮んだものだった。

「しかし、時代は変わりつつある。」と書いたが、これは、強い希望を込めて書いたのである。「自己表現」から「他者表現」へ、ということを私が言ってから久しい。少なくとも『信時潔』（二〇〇五年刊）からその転換をはっきりと訴えてきた。これは、近代の終焉を伴うものであったが、近代の終焉がようやく眼にも見えてきて現実味を帯びて来た今日、メンデルスゾーンの評価は高くなるべきだろう。

現状では、例えば、『作曲家別名曲解説ライブラリー』は、第一期は全一六巻、第二期は全一〇巻である。全部で二六巻だから、我々が普通聴いて知っているクラシック音楽の作曲家は、網羅されているといっていいのだが、何故かメンデルスゾーンは入っていないのである。第一期の最終巻は、「新ウィーン学派（シェーンベルク／ウェーベルン／ベルク）」である。十二音音楽などを案出し、新しいかのように当時は見えた音楽（実は音楽でも何でもなかった）を作り出した人間たちよりも、バッハの「マタイ受難曲」を復活させたメンデルスゾーンの方が偉大なのである。メンデルスゾーンがいなければ、「マタイ受難曲」は埋もれたままだったかもしれない。ただ新しいものを作る競争をしていた時代というのは無意味であり、古典を復活させることこそ創造的な行為なのだということが、広く理解されるようになること、これが近代の終焉なのだ。

前川誠郎は、美術史家らしく、音楽家の肖像画に触れている。ハイドンと並べて、グルックを大きくとりあげているのが、本書の特徴である。それは、もちろんグルックの音楽が優れているという考えに基づいているのであろうが、その肖像画が傑作であることにも拠るようである。

ウィーンの美術史美術館に彼の肖像画がある。作者はジョゼフ・シッフレッド・デュプレッシス（一七二五―一八〇二）といい、パリの宮廷や社交界で活躍した肖像画家で、一七七五年の年記を信ずるならばグルック六十一歳の像である。スピネットに対して坐り、両手を鍵盤の上にかざして左上方を凝視した姿は、曲想を練っているとも、また劇の上演を指揮していると も取れる。実際の年齢よりはすこし若く、つまり理想化して描かれているのは当時ならずとも肖像画一般の定石であるが、この絵は傑作である。写真が定着する以前の音楽家の肖像でこれ以上の作品は後述するドラクロワの《ショパンの肖像》を除いて他にない。ハイドン、モーツァルト、ベートーヴェンらにも彼らの肖像と言われるものはいろいろあるが、いずれも似顔絵の域を出ず、到底デュプレッシスのグルック像には比肩し得ない。

「後述するドラクロワの《ショパンの肖像》」については、「ドラクロワの絵は傑作である。」と書き、「音楽家の肖像でこれらの二点を抜くものは他にない。」と断じている。

この音楽家の肖像についての見解は、私は、少し違った考えを持っている。美術史家の専門の視点からすれば、グルックの肖像画は「傑作」なのであろうが、本書に掲載された白黒版を見る限り、私には、特にそうは思えない。これくらいのものはよくあるような気がする。ウィーンに旅する度に、美術史美術館には必ず行っているから、このグルックの肖像画も見ているはずであるが、印象に全く残っていないのである。

ベートーヴェンの肖像画については、確かに「似顔絵の域」を越えないものが多いであろう。ロマン・ロランがとり上げているヴァルトミューラーによる肖像画も、それほどのものではない。しかし、私が『ベートーヴェン　一曲一生』のカバーに使った、フリードリヒ・アウグスト・フォン・クレーバーによるベートーヴェンの肖像画は、「傑作」だと思う。ベートーヴェンの「意志」と「野性」というものが見事に描かれている。だから、「音楽家の肖像でこれらの二点を抜くものは他にない。」という見解には同意しかねるのである。

モーツァルトの肖像にも「似顔絵の域」を越えないものしかないというところに、前川誠郎が美術史家という「研究者」であり、小林秀雄のような「批評家」ではなかったことが明らかになるように思う。小林秀雄の『モオツァルト』の中に、義兄のヨゼフ・ランゲという素人画家が描いたモーツァルトの肖像画（前川誠郎も、この絵のことを知らなかったはずはあるまい）について、次のような記述がある。

僕は、その頃、モオツァルトの未完成の肖像画の写真を一枚持つてゐて、大事にしてゐた。それは、巧みな絵ではないが、美しい女の様な顔で、何か恐ろしく不幸な感情が現れてゐる奇妙な絵であつた。モオツァルトは、大きな眼を一杯に見開いて、少しうつ向きになつてゐた。人間は、人前で、こんな顔が出来るものではない。彼は、画家が眼の前にゐる事など、全く忘れて了つてゐるに違ひない。二重瞼の大きな眼は何にも見てゐない。世界はとうに消えてゐる。ある巨きな悩みがあり、彼の心は、それで一杯になつてゐる。眼も口も何んの用もなさぬ。彼は一切を耳に賭けて待つてゐる。耳は動物の耳の様に動いてゐるかも知れぬ。が、髪に隠れて見えぬ。ト短調シンフォニイは、時々こんな顔をしなければならない人物から生れたものに間違ひはない、僕はさう信じた。

先のところでは、次のように書かれている。

この素人画家は絵筆をとる。そして、モオツァルトの楽しんでゐる一種のアイロニイ云々といふ様な類ひの曖昧な判断を一切捨てて了ふ。さういふ心理的判断がもはや何んの役にも立たぬ、正しい良心ある肖像画家の世界に、彼は這入つて行く。絵は未完成だし、決して上手とは言へぬが、真面目で、無駄がなく、見てゐると何んとも言へぬ魅力を感じて来る。原画はザルツブルグにあるのださうだが、一生見られさうもないものなど、見たいとも思はぬ。写真版から、こちらの勝手で、適当な色彩を想像してゐるのに、向うの勝手で色など塗られてはかなはぬといふ気さへもして来る。ともあれ、僕の空想の許す限り、これは肖像画の一傑作である。

美術史美術館で現物を見たグルックの肖像画を傑作と見る美術史家と、ランゲの未完成のモーツァルトの肖像画、それも写真版で見たものを傑作と断ずる批評家。これは、研究と批評の本質的な違いを表している典型的な例である。小林秀雄が『本居宣長』の中で熊沢蕃山について使った「燃え上る主観」という言葉を思い出すなら、研究は「主観」を避けねばなるまい。しかし、真の批評には、「燃え上る主観」が不可欠なのだ。

第三の変奏

「近代のフランスに於て、とう〳〵印象派が起り、次に後期印象派が起り、キユービストとなり、構成派となり未来派となり、ダダとなり、あらゆるものが次から次へと勃興した事は、一つには退屈と衰亡に際する一種の死の苦悶から湧き上つた処の大革命であつたに違ひない。」（小出楢重）

前川誠郎は、近代の日本の文化の根本的な問題については、次のようなことを書いている。

日本がもう半世紀早く開国していたら西洋文化の受容の仕方がいまとはもっと変わったものになっていたと私は思う。なぜなら幕末維新の候（一九世紀中葉）は、ヨーロッパ自体がそれまでの文化的伝統に幕を下ろして大きく変わろうとしていた時期であったからである。それ故にこそ日本へと眼を向けたのであった。印象派絵画はその好例である。それは西洋に関しては意味のある変化であっても、これから新しく西洋美術を摂取しようとする日本にとっては対手を軽く見縊《みくび》る切っ掛けになっただけであった。爾来《じらい》わが国は目まぐるしい速さで動く現象面を逐《お》うことにのみ齷齪《あくせく》として、その変化が何のゆえに起こったかの考察を怠った。いわば砂上に金殿玉楼を建てようとするにも似た努力を、我々は開国以来いまに至る一世紀半の間営々として払ってきたのである。しかも自らが持てる長き過去の蓄積は惜しみなくこれを棄て去って顧みることなしに。

前川誠郎が、「現代の芸術――美術も音楽も文学も――から頑ななまでに眼を背け、霞のかかった彼方に遠退いた古典を追い求めようとした」ことには、このような文化史的把握があったのである。単に好き嫌いの話ではない。デューラーのような古典に向ったのは、印象派以降の西洋美術が、「ヨーロッパ自体がそれまでの文化的伝統に幕を下ろして大きく変わろうとしていた」からである。

このような西洋と日本の問題については、美術でいえば、画家の小出楢重（一八八七年生、一九三一年没）が既に昭和初年に見抜いていた。小出楢重は、信時潔と大阪の市岡中学の同級生で親友であった。私は、『信時潔』の中で、小出楢重の『油絵新技法』から次のような文章を引用した。

私は、こゝに西洋絵画史を述べる暇と用意を持たないが、とも角も、私は油絵と云ふ材料とその形式を以てする芸術の限界に於ては、再び、レオナルドや、ルーベンス、レンブラント、ドラクロア、ヴェラスケス、ゴヤ等の仕事に比すべき位ゐの、材料と人間の生活と、技法と画家の心とが無理もなく完全に結び付き、壮大なものを生むべき時代はおそらく来まいと考へるのである。（中略）

全く、西洋に於ても、十五世紀以来、多少の変化はあつたにしても大局から見て絵画は立派な老舗《しにせ》の下敷きとなつて退屈を極め出したのである。その結果近代のフランスに於て、とう〳〵印象派が起り、次に後期印象派が起り、キュービストとなり、構成派となり未来派となり、ダダとなり、あらゆるものが次から次へと勃興した事は、一つには退屈と衰亡に際する一種の死の苦悶から湧き上つた処の大革命であつたに違ひない。

そして、小出楢重は、近代日本における西洋絵画受容の問題に移っていく。

扨《さ》て、この日本を蔽うて来た時の西洋の画風はと云へば丁度西洋絵画が衰弱し切つた頃のものであり、同時に西洋画が現代にまで漕ぎつけ様とした処の努力やその苦悶の最中である処の画風であつた。

そこで日本人は、西洋人が十九世紀に於ける芸術上の苦悶を本当に体験する事なく、たゞ降つて来た風雨をそのまま受けてゐたに過ぎないのである。則ち古い手法の残りと新しき技法の初めとが相前後して渡来した訳であつた。(中略)

処で日本に発達した西洋画は原田(直次郎)氏以後の黒田清輝氏たちの将来せる処のフランス印象派によつて本当に開発されたものであつた。以来、尚ほそれ以上の破格である処の、伝統を抜き去らうと努力した処の革命期の多くの絵画が侵入し素晴らしき発達を遂げたのである。

然し乍ら、近代フランスの画家たちが求めた処の、技術の革命の眼目とする処は、単化と自由と、省略とプリミチーブな線と、素人らしさと稚拙と、野蛮とであつたと云つていいと思ふ。日本人は求めずして既にそれらのものはあり余る程、古来より心得、持参してゐる処のものであつたが故に、西洋の近代の絵画は、日本人にとつては真《まこ》とに学びやすい処の都合よきものであつたのである。直ちに真似得る処の芸術様式である。西洋人は形をくづさうとして努力した。日本人はこれ以上くづし様のない形を描く事において妙を得てゐたのである。

これは甚だ僥倖な事で、他人の離縁状を使つて新しい妻君を得た様なものである。

小出は、十六世紀のドイツのホルバインや十七世紀のスペインのヴェラスケスを学んだ。十九世紀後半のフランスの印象派ではなかった。そういう近代日本の美術界の大勢から離れた位置取りをすることで、西洋画の物真似ではない、あの独自の「日本の洋画」を創造し得たのである。親友の信時潔も、同じような精神の姿勢であった。多くの西洋音楽を学ぶ日本人（例えば、同世代の山田耕筰）が、プロコフィエフだのスクリャービンだのバルトークだのと当時の最先端の音楽に飛びついていったのに対して、信時潔は、バッハなどの古典音楽に深く学んだのであった。バッハの他には、ベートーヴェン、ヴァーグナー、ブラームスである。この姿勢から、「海ゆかば」や交声曲「海道東征」など、「日本のクラシック音楽」と言える名曲を作曲した。フィンランドのシベリウスのようなものであった。

この西洋と日本の問題は、もっと大きく言えば、近代の日本が、「ルッター」もカルヴァンも経ていないということなのである。デカルト以降のヨーロッパの哲学は、とりあえず学んだかも知れない。しかし、「ルッター」の神学は、受け止められなかったのだ。先に、前川誠郎が、デューラーの「ルッター追悼文」によって「キリスト教そのものをよく理解できた」という文章を引用したが、その意味は実はこの問題にも触れる重要なものなのである。

第四の変奏　「R・シュトラウスのわが建国二千六百年記念に寄せた《祝典音楽》（Op.84）は、駄作である。」

（前川誠郎）

リヒャルト・シュトラウスをめぐっては、次のような文化史的に見て貴重な思い出を書いている。

私の手元の書物に一九四〇年（昭和十五年）ベルリンの大日本帝国大使館を訪れた際の彼の写真が出ている。わが建国二千六百年記念に寄せた《祝典音楽》（Op.84）贈呈のための訪問であった。作品番号も付けられているがこれは駄作である。この年の暮東京の歌舞伎座で初演され、私はラジオで聴いた。桜の花の咲いた列島で突如として富士山（？）が爆発し、寺から梵鐘が聴こえてくるといった趣向のものである。

リヒャルト・シュトラウスのこの曲の作曲料が破格のものだったという記事をどこかで読んだことがあるが、当時の日独伊三国同盟の中でやむなく作曲したのであろう。この曲を同時代に聴いた前川誠郎は、「駄作」であると断じている。この《祝典音楽》について、私は、『「海道東征」とは何か』（二〇一八年五月刊）の第Ⅲ章の中で、次のように語っていた。この「海道東征」というのは、信時潔が、同じ紀元二六〇〇年の奉祝曲として作曲した交声曲のことである。

日本にとって紀元二六〇〇年というのは大事業でした。東京オリンピックがだめになり、万博もだめになって、昭和十五年に紀元二六〇〇年をやるしかなかったんです。そこで紀元二六〇〇年のときには、日本政府はお金をたくさん出して、外国の作曲家にも奉祝曲を依頼しました。フランスの（ジャック・）イベール、ドイツのリヒャルト・シュトラウス、イギリスの（ベンジャミン・）ブリテンなどに頼んでいます。ブリテンはキリスト教色が強すぎて演奏されませんでしたが、ほかの曲は全部演奏されました。リヒャルト・シュトラウスの「日本の皇紀二千六百年に寄せる祝典曲」は、以前NHKのEテレで演奏されました。NHKがひどいのは、信時潔の曲はやらないで、リヒャルト・シュトラウスの紀元二六〇〇年の曲はやった。それは、指揮者がそれをやりたいと言ったからでしょう。

リヒャルト・シュトラウスのは大管弦楽による華麗なオーケストラで曲をつくっている。でも、日本の「義」を全くわかっていない。私は改めて聴きましたが、リヒャルト・シュトラウスのものはまったくの駄作です。リヒャルト・シュトラウスは、ヴァーグナーよりさらに先端的で、「美」しかない男です。美しかないリヒャルト・シュトラウスの「皇紀二千六百年祝典曲」と、日本人の義を踏まえた信時の紀元二六〇〇年奉祝曲である「海道東征」を比べてみよ。これで日本人信時潔が何を表現できたかわかるだろう、ということになります。

口述筆記なので、言葉が少し雑になっているが、言いたいことはこの通りである（追加するとすれば、リヒャルト・シュトラウスでは、「4つの最後の歌」、これは傑作であり、愛聴している）。NHK交響楽団を指揮したのは、日本人ではなく、外国人であった。確か、当時NHK交響楽団の首席指揮者であったパーヴォ・ヤルヴィの父、ネーメ・ヤルヴィだったと思う。エストニア人だったから、この紀元二六〇〇年のことが、日本ではデリケートな問題になっていることに余り関心を持っていなかったのかもしれない。

私の「駄作」であるという判断が、間違っていないことを前川誠郎のようなクラシック音楽のすぐれた聴き手によって保証されたことはうれしい。同じく「駄作」という言葉を使っているのも面白い。それにしても、「駄作」であっても外国人が作曲した「紀元二六〇〇年奉祝曲」は、NHK交響楽団が演奏してEテレで放送もするが、日本人信時潔が作曲したものは、「名曲」であるにもかかわらず、一度も演奏もしないという封印状態にあるということ、これこそ、戦後における文化の虚妄を露呈している。この虚妄を打破するために、二〇一五年、戦後七〇年の年以降の交声曲「海道東征」の復活が行われているのだ。

さて、前川誠郎は、ブラームスについては、どのように書いているか。これが一番の問題で、これを知るために、この『西洋音楽史を聴く——バロック・クラシック・ロマン派の本質』を読んで来たのだが、ブラームスに触れる前に、いろいろなことを書いてしまった。それほど興味深い視点が多かった。ということで、ブラームスについては、新たに変奏することにしよう。

第五の変奏　「ただ一曲この人の代表作を挙げよと言われたら、私は《ヘンデルの主題による変奏曲とフーガ》(Op.24)を推すに躊《ため》らいはない。」

（前川誠郎）

ブラームスについては、前川誠郎は、次のように書いている。

近頃の私が一番よく聴く音楽にはヨーハンネス・ブラームス（一八三三―九七）の作品が多い。それも中年以降のピアノ小品が主になる。一つ一つが彼の自画像だ。あるいは青春を回顧しあるいは老年の愁いを綴る。この人には駄作がない。代表作は無数といってもよい歌曲の他に四つの交響曲、二つのピアノ協奏曲、一つだけのヴァイオリン協奏曲、三曲のヴァイオリン・ソナタ、二曲のクラリネット・ソナタ。それに多くの重奏室内楽等々、どれをとっても傑作である。余程慎重居士であったに違いない。歌曲を聴けば紛れもないロマン派、そして絶対音楽では非の打ちどころなき古典派である。

やはり、ブラームスであった。「近頃」（八十六叟）になると、前川誠郎のような古典主義者は、ブラームスに傾倒していくのである。「それも中年以降のピアノ小品が主になる。」という。私も、もともとブラームスは愛好してきたが、古稀を迎える年齢になってますますブラームスが心に沁みるようになった。「中年以降のピアノ小品」は、もちろんよく聴く。特に、前川誠郎と似ているところがあるなと強く思ったのは、次の文章を読んだときで、思わず、膝を打ってしまったくらいだ。

ただ一曲この人の代表作を挙げよと言われたら、私は《ヘンデルの主題による変奏曲とフーガ》(Op.24)を推すに躊いはない。自身がまず腕利きのピアニストとして世に出た彼が、二十九歳の年(一八六二年)に技心ともにもてる一切を投入し推敲の限りを尽くして書き上げた名曲である。

ブラームスから一曲を選ぶとして、この「ヘンデル・ヴァリエーション」を挙げる人は、余りいないであろう。昨年(二〇二一年)の夏、暑中見舞いを例年と同じく多くの方に差し上げたとき、ブラームスでは何がお好きですかという問いを入れた。何人かの人から、それに対する答えが返ってきた。その中にあるのは、交響曲、ピアノ協奏曲、ヴァイオリン協奏曲、ヴァイオリン・ソナタ、ピアノ小品などであった。ピアノ三重奏曲という珍しい曲を挙げている人もいた。しかし、「ヘンデル・ヴァリエーション」は、一人もいなかったのである。吉田秀和の『私の好きな曲』には、ブラームスからは一曲選ばれているが、それは、ヴァイオリン協奏曲である。

しかし、実は私も、ブラームスのこの曲を挙げたいと思う人間なのである。私が、「ブラームス・左手・ヴァリエーション」と題した批評文を文芸誌の月刊『新潮』に寄稿したのは、一九九九年五月号であった。もう四半世紀も前のことである。ブラームスの二つの作品を主としてとりあげたが、それは、バッハのシャコンヌをブラームスが左手のために編曲したものと「ヘンデル・ヴァリエーション」であった。批評文の題は、そこから来ている。これを書く数年前までは、聴いたこともなかった「ヘンデル・ヴァリエーション」をアナトール・ウゴルスキというピアニストの鬼才の演奏で聴いて、圧倒された。この批評文の中で、私は、次のように書いていた。

この三十分ほどの曲を初めて聴きながら、ヘンデルの軽やかな主題が、変奏のたびに様々に表情を変えていくのに圧倒されていた。素朴に感じられただけの主題から、何故これほどの力強い、また荘重な音楽が引き出されてくるのか。ウゴルスキの硬質で大胆な演奏は、何かを刻み上げているような、いわばモニュメンタルな感じがあって、リルケ風にいえば「もの」がここにあるのだ、という思いがした。

この「ブラームス・左手・ヴァリエーション」が掲載されてからしばらくして、今年（二〇二三年）の一月に亡くなった『新潮』の名編集長だった坂本忠雄さんとお会いしたとき、ブラームスの「ヘンデル・ヴァリエーション」は聴いたことがなかったが、「ブラームス・左手・ヴァリエーション」

を読んで聴いてみた、すごい曲だね、と言われた。今、何回も聴いているよ、とも付け加えられた。このヴァリエーションが、余り知られていないことはこれでも分かるし、一度聴いてそのすごさを聴き取る坂本さんもさすがだなと思ったことを思い出す。

前川誠郎のブラームスについての記述の中で印象深いのは、「アルト・ラプソディー」をめぐってのものである。この本は、各作曲家について簡潔に書かれているのだが、ブラームスのところは例外で、長いだけではなく、「アルト・ラプソディー」の歌詞の一部が前川自身の訳で載せられているほどに力が入っている。この歌曲が、画家に関係していることも、美術史家としては惹かれたのかも知れない。「音楽家の肖像をめぐる一つの奇談でもあろうか。」と書いているが、それだけではあるまい。この歌曲が、心の深いところを衝くものだったからに違いない。前川の文章ではゲーテの詩も原文で引用されているが、それは省略する。

彼〔ブラームス〕の肖像画をアンゼルム・フォイヤーバッハ（一八二九―八〇）が描くという話があったが結局は不発に終わった。委《くわ》しい経緯は知らないがブラームスはこの画家を、銅版画家でのちに画家の伝記を書いた友人のユリウス・アルガイヤー（一八二九―一九〇〇）を通じて識った。フォイヤーバッハは古典文学や美術への深い知識を絵画（例えば《イフィゲネイア》シュトゥットガルト美術館）によって表現しようとしたが、作品が広く理解されないことから激しい憂鬱症（メランコリー）に陥っていた。ブラームスはこの人に対して深い同情の念を覚え、ゲーテの詩「冬のハルツの旅　Harzreise im Winter」から歌詞をとって《アルトと男声合唱とオーケストラのための狂詩曲（アルト・ラプソディー）》（Op. 53）を作曲した。フォイヤーバッハはこれを機縁にしてブラームスの肖像画を描こうとしたのであった。一七七七年の十一月から十二月にかけて二十八歳のゲーテはヴァイマール宮廷の友人たちとともにハルツ山地へ狩猟に出掛け、途中で一行と分かれて単騎鉱山視察の旅を続け、これまで彼に手紙で苦悩を訴えて来ていたいわゆる「ヴェルテル病患者」の青年をヴェルニゲローデの村に訪ねて慰めようとした。「冬のハルツの旅」はそのことを踏まえてできた詩で、長短併せて十一節から成っている。ブラームスはそこから三節を択んで、フォイヤーバッハのためのラプソディーの歌詞としたのであった。

厚い雲の上に、
ゆったりと翼を拡げて
安らいながら、獲物を狙う隼《はやぶさ》にも似て、
わが歌よ、漂い行け。

で始まるこの詩の何ともいえない魅力は、ブラームスを強く捉えていたに違いない。そしてそれに曲を付ける何よりのモチーフを、孤高の画家フォイヤーバッハとの出会いによって得たのであった。
長い管弦楽の前奏の後にアルトのソロが詩の第五節を歌い出し、やがて第六節へ移って、

嗚呼《ああ》、香油を毒に化した男の痛みを誰が癒すのか、
満ち溢れる愛から厭世の念を飲んだこの男の？
初め侮られ、今や侮るものとなって、
彼は充たされぬ我欲のうちに、
自身の価値を枯れ果たしてしまうのだ。

この絶唱のあと第七節へ移ると、そこから男声合唱が加わり交互に掛け合いながら弥《いや》が上にも悲愴感を高めて行く。僅かに二十四歳で合唱団の指揮者となったブラームスにとってコーラスはお手のものであった。

愛の父上よ、
貴方の竪琴に、もし彼の耳にも聞こえる音色があるのなら、
彼の心を元気付け、
荒野にいる渇《かわ》けるものの傍に

百千とある泉へ向けて、
彼の曇った瞳を開いてやって下さい!

ブラームスのこの曲は一八七〇年に完成したが、フォイヤーバッハの肖像画の方は結局立ち消えになって了った。残念だとも言えるし、またそれで良かったのかとも思う。三十七歳の作曲家は四歳上の画家に、ゲーテがハルツ山中で会った青年――プレッシングとか言った――の姿を重ね焼きしたのであった。

私は、この異例ともいえる長さで一つの曲について書いてあるのを読むと、自己告白的なものをうっすら感じる。マーラーの自己告白の過剰さに辟易するタイプの前川誠郎としては、自己告白をするとすればこのようにするのであろう。「――プレッシングとか言った――」というこの固有名詞がどうでもいいかのような挿入は、この青年が、前川自身であるかのように感じたことを暗示していると思う。いわゆる「ヴェルテル病患者」とは、単に恋愛に関係しているのではあるまい。理想と現実、夢と才能、社会と自己、これらの乖離、また時代の風潮と自分の個性のずれ、そういう青春の苦悩のことである。

ブラームスが、フォイヤーバッハをこの青年、プレッシングになぞらえて(「重ね焼き」して)この歌曲を作曲したのは、この画家が「作品が広く理解されないことから激しい憂鬱症(メランコリー)

に陥っていた」からであろう。これも、一種の「ヴェルテル病」であった。そして、フォイヤーバッハが「古典文学や美術への深い知識を絵画（例えば《イフィゲネイア》シュトゥットガルト美術館）によって表現しよう」とした古典主義的な画家だったことを思うとき、古典主義者の前川誠郎に通ずるものを感じる。

フォイヤーバッハの「作品が広く理解されない」のは、ある意味当然であろう。時代は、ロマン主義の風潮になっていたし、ヨーロッパで見れば、パリには、もう印象派が出現していたのである。この古典主義者が時代思潮からおいていかれる悲劇は、前川にとって他人事ではない悲しみを感じさせたことであろう。この時代とのずれは、賢明にも表現者ではなく、「研究者」「学者」への道を選択させたに違いない。

ブラームスについて「歌曲を聴けば紛れもないロマン派、そして絶対音楽では非の打ちどころなき古典派である」と書いていたが、ブラームスがフォイヤーバッハに対して「深い同情の念を覚えたのは、時代思潮に乗っかるという軽薄さがなく、「古典文学や美術への深い知識」を持っている古典主義者だったからであろうが、「古典派」だけでは時代の表現者にはなれないこともブラームスはよく知っていた。ブラームスは「ロマン派」でもあったからである。この「古典派」であり「ロマン派」であるという緊張関係から芸術は生まれるのであり、「深い知識」から作れるものではない。このことに気がつかないから、自分の「作品が広く理解されないこと」を不満に思い、「激しい憂鬱症（メランコリー）に陥」るのだ。

フォイヤーバッハによるブラームスの肖像画が未完に終わったことについて、前川は「委しい経緯は知らないが」と書いているが、ノインツィヒの『ブラームス』の中には、次のように「経緯」が明らかにされている。

バーデン・バーデンでブラームスは、親友の若い銅板彫刻家ユーリウス・アルガイヤーから画家のアンゼルム・フォイヤーバッハ（一八二九—八〇）を紹介された。今日、フォイヤーバッハの擬古典主義的な絵画をブラームスの絶対音楽と同一のレベルで見るのは困難であるとしても、この二人の芸術家の間には、芸術観の一致による友情が芽生えたのであった。しかし、それは長続きしなかった。フォイヤーバッハは、ウィーンへ移り住んだときには、ブラームスの肖像画に着手さえしたのだが、ブラームスが、この画家の大作『アマゾンの戦い』をウィーンで展示することを控えるよう彼本人に助言したところ、彼は描きかけのブラームスの肖像画を画架から取り払ってしまい、その肖像画に二度と手を触れなかったと伝えられている。

この『アマゾンの戦い』は、実際展示されたのかは知らない。見たこともないが、恐らく今日の観点からみれば、「擬古典主義的な」愚作であろう。ブラームスの助言に対するフォイヤーバッハの態度は、「ヴェルテル病患者」のやりそうなことだ。ゲーテも、「プレッシング」青年を最終的には見捨てた。ブラームスも、フォイヤーバッハを見切ったであろう。フォイヤーバッハは、ヴェネツィアで死んだ。ヴェネツィアという不思議な水の都は、フォイヤーバッハのような人間が死ぬ（あるいは消えていく）のにふさわしい場所である。私が、一〇年ほど前、半年間ヴェネツィアに滞在したのも、私の中にいまだに残っていたフォイヤーバッハ的なるものを埋葬する意志が底流にあったのかも知れない。

前川が、「ブラームスのこの曲は一八七〇年に完成したが、フォイヤーバッハの肖像画の方は結局立ち消えになって了った。残念だとも言えるし、またそれで良かったのかとも思う。」と書いているのは、完成させたとしたら、肖像画としては二流のものになっていただろうと推測しているからであろう。そういえば、「メランコリー」と言えば、前川誠郎の研究対象のデューラーの有名な作品に「メランコリー」と題された銅版画があったではないか。

前述した私の暑中見舞いに対する返信の一つに、自費出版の『鬼火—文学』という本を二百部出した三十歳頃知り合った編集者からのものがあった。その中に、最近、私と昔打ち合わせをした喫茶店に入って思い出したことがある、それは森内俊雄の話からブラームスの「アルト・ラプソディー」のことが出たことだとあった。全く忘れていた。作家の森内俊雄さんのことは当時から敬愛していたから話をしたに違いない。しかし、「アルト・ラプソディー」についてはどういう話をしたのであったか。私は、その頃、自分のことを一人の「プレッシング」と見なしていたのかもしれない。そういえば、森内さんからの返信には、ブラームスの交響曲の「キルケゴール的憂愁が好ましいですね」と森内さんらしいことが書かれていた。

第四主題

「わが国の近代文学の青春を、永遠の若さのままで記念する双児の星座といえましょう。」

（中村光夫）

第一の変奏　樋口一葉の声は「低音ながら明晰《はっきり》した言葉使ひ」（半井桃水）であった。

二〇二一年（令和三年）の十月下旬の或る日の午後、神奈川近代文学館に「樋口一葉展」を見に行った。

昔、中村光夫の『日本の近代小説』の中で、樋口一葉について書かれた章の次のような結びの一節が強く印象に残っていた。

ちょうど日清戦争を間に挟んで、それぞれの形で生活に敗れた二つの負けず嫌いの魂は、明治時代の作家が社会からうけた薄遇を象徴すると同時に、わが国の近代文学の青春を、永遠の若さのままで記念する双児の星座といえましょう。

中村光夫にしては珍しいロマンティックな表現だが、この「二つの」「魂」とは、北村透谷と樋口一葉のことである。透谷が自殺したのは、日清戦争開戦の直前であり、一葉が死んだのは日清戦争が終わった翌年である。透谷は、二十五歳であり、一葉は二十四歳であった。確かに「永遠の若さ」と言えるであろう。

「双児の星座」の一つ、透谷については、私は最初の批評文である「透谷一面」を書いた。二十二歳であった。それから、四六年も生きて、すでに六十八歳になった。

二十五歳とか二十四歳で死ぬというのも余りにも早いという感じがする。中原中也が三十歳、吉田松陰が三十歳、シューベルトが三十一歳とか、三十歳を越えれば、一応人生の全体が見えたのではないかという気がする。イエス・キリストも十字架に架かったのは、三十三歳とされる。しかし、一葉の二十四歳、透谷の二十五歳というのは、人生があっという間に過ぎたのではないか。

しかし、そう思えるのは、六十八歳まで生きて来た凡人の感慨であろうか。透谷も最晩年（こういう言い方ができるとすれば）に、「他界に対する観念」という恐るべき洞察に満ちた論文がある。一葉も、「樋口一葉展」の第四部「泣きての後の冷笑」にも書かれていたが、最晩年にいわゆる「奇跡の十四か月」という時期がある。「大つごもり」から始まるこの短期間に、「たけくらべ」「にごりえ」などの傑作が書かれたのであった。

この「双児の星座」の最晩年の「魂」の異様な燃焼は、やはり吉田松陰の言葉が人生の真髄を衝いていることを表しているのかもしれない。松陰が、刑死の直前に書いた『留魂録』の中に、人生の長さ如何にかかわらず、春、夏、秋、冬の「四時」はあるという言葉が記されていた。一葉と透谷のことを考えていて、幕末の志士、吉田松陰を連想するのは少しもおかしくはない。一葉も透谷も、「志士」的な精神の持ち主だったからである。透谷は、「我性尤も俠骨を愛す。」（「三日幻境」）

と言った。一葉は、「わがこゝろざしは国家の大本にあり。」と日記（明治二十七年三月）に書いた人なのである。一葉の二四年と透谷の二五年にも、「四時」は確かにあったのだ。この松陰の言葉を、熟読玩味したい心境の中に、間もなく古稀を迎える私もいる。

展覧会を見て来て、最後の「エピローグ　一葉の死」のところで、一葉が死んだのが、一八九六年（明治二十九年）であったということを改めて知ったとき、ふとひらめいたものがあった。明治の元号で年数を数えているときは、あまり気にしないが、西暦で書かれると、新鮮な時代感覚に襲われることが間々ある。このときもそうだった。一八九六年に死んだということは、一八九七年に死んだブラームスの一年前なのである。このところ、ブラームスの音楽を集中的に聴き、ブラームスの人生も調べているので、このことが連想されたのかもしれない。樋口一葉の二四年の人生は、ブラームスの三十九歳からの人生と重なっているのである。これは、新鮮な感銘を与えるものだった。ほとんど同時代人といってもいい。

第四部の「泣きての後の冷笑」というタイトルは、斎藤緑雨が一葉の文学を評したものである。緑雨について、私が「緑雨死後七十余年」という批評文を書いたのは、「透谷一面」の一年後の二十三歳のときだった。この文明開化を「冷笑」した批評家は、一葉に似たようなものを感じ取ったのであろう。展覧会の展示の中に、心に残る一葉の日記の一節があった。

それは、「虚無のうきよに好死処《よきしにどころ》あれば事たれり。」（明治二十六年七月二十五日）というものであった。一葉、二十一歳のときの感慨である。「生活に敗れた」「負けず嫌いの魂」の声であろう。展覧会の図録の表紙にも使われている一葉の有名な顔写真は、五千円札の肖像などで見慣れたものであまり注意して見ることがなかったが、この顔写真はよく見ると凄みのある表情である。「冷笑」の顔かもしれない。世界の「虚無」を見定めたような諦念が潜んでいる。図録に、斎藤緑雨の顔写真も載っているが、この眼光鋭い、笑顔など全く見せたことないような、反時代的な姿勢を貫いた批評家の顔は、まさに「冷笑」しか浮かべなかったであろう。一葉の顔写真と共通したトーンを感じる。というよりも、長調を辛うじて保っている一葉の顔のトーンを短調にしたら、緑雨の顔になるような気がする。

「緑雨死後七十余年」を私は、「そして、緑雨のアフォリズムの以上の如き抜粋によって私は緑雨という問題を解こうとしたのであるが、今や、現代に於て緑雨たることとはどういうことかという一つの応用問題に出遭っているのである。」と結んだ。しかし、この「応用問題」を私は、生き切ることはできなかった。緑雨は、三十七歳で死んだが、私は、「現代に於て」中年以降の生活を生きていかなければならなかった。そして、ついに三十三歳のときに内村鑑三に邂逅した。「現代に於て鑑三たることとはどういうことかという」もう一つの「応用問題に出遭っ」たのである。その後の三五年間は、緑雨からの「応用問題」を鑑三からの「応用問題」で解決していくということに他ならなかった。

私にとって重要な問題を提出した斎藤緑雨という明治の批評家が、樋口一葉を高く評価していたことを知ってうれしかった。図録には、「この男、かたきに取てもいとおもしろし。」という一葉の緑雨評が載っている。一葉の顔写真を思い出させるような寸評である。

「緑雨死後七十余年」を書いておいたことは、私の人生で思わぬ恩恵をもたらした。二〇〇二年、四十九歳のときに上梓した『国のさゝやき』という本は、クラシック音楽を通して、文学、歴史、文明、社会などの問題に展開していくという新しい批評の方法の発見に導いた。この方法の中から、「海ゆかば」の信時潔との出会いがあり、交声曲「海道東征」の再発見があったのである。そして、「国のさゝやき」というタイトルは、第一主題第一の変奏のところでも引用した斎藤緑雨のアフォリズム「老たるとなく若きとなく、男、女の胸のさゝやきの凝りたるもの、世々に流れて音楽とはなりけらし、音楽は即ち国のさゝやき也。」から採ったのであった。ここから、音楽を「国のさゝやき」としてとらえるという方法を発見できた。緑雨との不思議な縁を感じたことであった。この「音楽は即ち国のさゝやき也。」を本の扉に、エピグラフとして入れたが、これは中村光夫の『二葉亭四迷伝』のエピグラフが緑雨のアフォリズムを使って「刀を鳥に加へて鳥の血を悲めども、魚に加へて魚の血を悲まず。声ある者は幸福也。今のいはゆる詩人は幸福也。―斎藤緑雨―」となっていたことも頭にあったからかもしれない。中村は、二葉亭四迷を「声ある者」として描いたが、斎藤緑雨は、このアフォリズム（「半文銭」明治三十五年）を書いたとき、夭折した一葉のことを思っていたのであろう。

一葉の顔や日記の一節などを頭に浮かべながら、会場を歩いていると、一葉はブラームスの音楽を愛するような人間だったのではないかと思われた。もちろん、一葉の生きた明治二十年代は、まだ西洋音楽を聴くような環境はなかった。東京音楽学校ができたのは、一八八七年（明治二十年）である。一葉より二歳上の幸田延（露伴の妹）という先駆者が、日本人による初のクラシック音楽の器楽曲であるヴァイオリン・ソナタ変ホ長調を作曲したのは、一八九五年（明治二十八年）である。一葉の死の一年前である。

しかし、もし、西洋音楽をもう少し聴く機会の増えた時代だったとしたら、私には、一葉はどの音楽家の曲を好んだだろうという問いが浮かんだ。バッハ、ではない。ベートーヴェンは、その「負けず嫌いの魂」からして気に入ったような気もするが、やはりベートーヴェンではないような気がする。私は、ブラームスではなかったかと想像するのである。「虚無のうきよ」というような感慨は、ブラームスの基調であったし、ブラームスの音楽には、諦念や哀感がにじみ出ているからである。一葉が、「物つつみの君」と言われたというのも、ブラームスの性格を思わせる。また、一葉が、明治社会の上層から下層まで知り抜いていたように、ハンブルクの貧しい家に生まれたブラームスも、大作曲家としてウィーンの上層人士の仲間入りを果たしたが、その虚飾も見抜いていたであろう。ブラームスは、ヴァーグナーに「古い形式」と言われたが、一葉の雅俗折衷体と言われる文体も「古い」文体であった。二葉亭四迷の『浮雲』は、既に書かれ、口語文の時代がもうすぐそこに来ていた。

一葉は、特にブラームスの晩年のピアノの小品を好んだのではないかと思う。また、「アルト・ラプソディー」や「2つの歌」も心に染み込んだのではないか。この二つの声楽曲は、アルトが歌う。ソプラノではない。低音のアルトであるところが、ブラームスらしいのである。一葉の声は、アルトだったのではないか。こんな連想が浮かんだので、少し調べると、「ふくみ声の鼻にかゝりて」（三宅花圃）「澄んだ声で」（疋田達子）「低音ながら明晰《はっきり》した言葉使ひ」（半井桃水）というような、実際に一葉の声を聞いた人の回想が残っていた。個人的な記憶には事実かどうかあやしいものも多いが、特別な関係があった桃水の思い出はやはり、重視すべきだろう。一葉の声は「低音」、アルトだったのである。このことも、ブラームスとの親近性を感じる。

ブラームスの「2つの歌」の第一曲「鎮められた憧れ」を聴いているとき、ふと樋口一葉が歌っているような錯覚に襲われることがあった。一葉も、「憧れ」を「鎮め」て生きた人だからだ。一葉がドイツ語で歌うわけはないのであるが。このリュッケルトの詩は、次のようなものである。

鎮められた憧れ

夕暮れの黄金色の光に浸って
森は何と厳かにあることか！
鳥たちの柔らかな声が夕べの風の
やさしいそよぎとともに息づいている。
風は何をささやいているのか、鳥は何を？

それらは、この世に眠りにつくようにとささやいているのだ。

願いよ、いつも疼いている
私の心の中で休むことなく！
憧れよ、この胸を駆り立てるもの
いつお前は止むのか、いつお前は眠るのか？
風と鳥のささやきとともに
いつお前は眠るのか、憧れに満ちた願いよ？

あゝ、我が魂がもはや黄金色の遠方へ
翼ある夢の中で舞い上がることがなく、
我が眼がもはや永遠の距離にある星々の上に
憧れの眼差しをもって宿ることがなくなったとき、
そのとき、風と鳥は
我が憧れと生命に眠れとささやくであろう。

一葉の好みは、モーツァルトやショパンではないような気がする。中島歌子の「萩の舎」に通う上流婦女子たちは、恐らくモーツァルトやショパンを好んだであろう。さらには、一葉は、シューベルトでもないだろう。「わが国の近代文学の青春」は、シューベルトのような初期ロマンティシズムを経ることなく、一気にブラームスのような後期ロマンティシズムの暗さに通じるものがあった。それは、透谷にもはっきりと出ている。これは、日本の近代の宿命なのだ。

ブラームスは、確かに六十四歳まで生きたが、ある意味で一葉や透谷と同じく二十代半ばで一旦死んだとも言えるのである。ブラームスの晩年とは、青春で一度死んだ人間の晩年だった。ブラームスの青春の劇の決定的なものは、よく知られているように、シューマンとの出会いとシューマンの自殺未遂、そして死であった。シューマンに認められたのが、ブラームスが二十歳のとき、シューマンの自殺未遂は、翌年のことであった。そして、シューマンが没したのが、二十三歳のときであった。そして、この間、クララ・シューマンとの問題もあった。

この疾風怒濤の時代に、作曲されたのが、ピアノ四重奏曲第3番ハ短調作品60である。「解説書」には、「この曲は、元来、他の二つのピアノ四重奏曲（作品25と26）よりも早く計画され、一八五四年四月にいちおうの構想をみた。作曲の動機がなんであったかわからないにしても、ちょうどその年の二月二七日に恩人のシューマンはライン河に投身し、その後ずっと精神病院に収容されていたので、おそらく、この曲の作曲中につねにブラームスの心の大部分をシューマンの悲劇のことが占めていたらしい。」と書かれている。

この曲は、完成までに二〇年を要した。この青春の悲劇の克服には、それだけの時間が必要だったのであろう。完成した四十二歳のとき、出版商ジムロックに宛てた手紙で、ブラームスは、「この楽譜の扉に、ピストルを頭に向けている人の姿を描くといいでしょう。すると、音楽についての一つの概念を得ることができます。私は、この目的のためにあなたに私の写真を送りましょう。青い燕尾服、黄色のズボンと長靴も使っていいでしょう。というのも、あなたは色刷りがお好きなようだから。」と書いた。この姿は、ゲーテの『若きウェルテルの悩み』の主人公ウェルテルのものである。ゲーテが、ウェルテルを自殺させることで自らは生き延びたように、ブラームスもこの曲を書くことで、生き延びんとした。そして、二〇年後にやっとこのような自分を客観視できる心境になれた。この四重奏曲が、「ウェルテル四重奏曲」と呼ばれる所以である。

そして、この曲の作曲の経緯は、かの哲学者ウィトゲンシュタインが、立て続けて三回、この曲を聴いて自殺を思い止まったという話を思い出させるのである。

それにしても、ブラームスが一八九二年の五十九歳のときに作曲した作品「3つの間奏曲」が、翌年の一八九三年にヨーロッパの地で演奏されたとき、極東の日本では、樋口一葉が二十一歳で生きていた。もちろん、その音楽を一葉は聴くことはなかったが、この地上における同時性は、「魂」における深い共振を感じさせる。一葉は、三年後に二十四歳で死ぬが、この曲を書いた晩年のブラームスも、実は二十三歳で一回死んだ人間だったからである。

今、私は一八九三年の世界を思い浮かべる。ＮＨＫのＢＳプレミアムでやっている「映像の世紀」のような感じで、この当時のウィーンが見えて来る。次に、同時代の東京の下町が映される。そして、ウィーンでブラームスが「間奏曲」を弾いている姿が現れ、音楽が聴こえて来る。そして、その音楽が流れている中で、映像は一転して東京に移り、樋口一葉が大川端を歩いている風景になる。この曲と一葉の姿は、何とよく合っていることだろう。「世紀末」の西洋と日本の、このような哀感の漂う光景を私は思い描く。

第二の変奏　「持つてゐたいレコオドはブラームスの全作品と教会音楽とシューベルトの歌曲……バッハのもの。あとはひとつもいりません。」

（立原道造）

樋口一葉とブラームスについて書いたが、一葉が二十四歳で死んだことを思うと、同じく二十四歳で死んだ詩人の立原道造を思い出す。立原も、「わが国の近代文学の青春を、永遠の若さのままで記念する」「星座」の一つであろう。

立原道造が自ら企画した第一詩集『萱草に寄す』と第二詩集『暁と夕の詩』が、ともに楽譜大の詩集であったことからも察せられるように、立原道造と音楽には深い関係があった。立原は、「音楽の状態をあこがれてつくつた詩篇ばかりであるゆえに、楽譜のやうな大きい本」にしたと自ら語っている。

この「音楽の状態をあこがれて」というのは、ウォルター・ペーターが『ルネサンス』の中で書いた有名な「すべての芸術は音楽の状態に憧れる」に影響を受けていると思われるが、このように詩が「音楽の状態に憧れる」のは、ボードレール以来の象徴派に共通した詩学である。ヴェルレーヌは、「何よりも先ず音楽を」と歌った。

この「音楽の状態に憧れる」というのは、私にも深い影響を与えた言葉であり、私は、「音楽の状態」にある批評に憧れて書いて来たとも言えるように思う。

さて、立原の詩や散文が音楽的であることは、既に同時代に萩原朔太郎が、次のように書いていた。

立原君の詩文をよんで、何よりも先に感ずるものは音楽である。「萱草に寄す」の詩は、全篇悉く音楽の匂ひを幻影させるものであるが、「鮎の歌」をよんで感ずることもやはり同じ一の音楽であり、読み終つて一曲の演奏を聴いた思ひがした。しかもその音楽は、高原の落葉松の上に、しとしとと降る小雨の音に聴き入るやうな、静かに侘しいノスタルヂア、悲しいオルゴールの音のやうに幽かに聴えてくる音楽である。

これ以上、何も付け加えるものはないが、『萱草に寄す』の最初の章が「SONATINE No. 1」となっていることから思いつくことを書いてみようと思う。ソナチネとあるから、音楽的となるわけだが、ソナチネとあって、ソナタではないことに注意したい。

「文人ピアニスト」と私が呼んでいる花岡千春氏のCD『日本のソナチネ』は、戦前に日本人の作曲家によって作られたソナチネ群を収録したものだが、その解説書に花岡氏は、次のように書かれている。

昭和初期になると、いくつかの大作ピアノ・ソナタを認めることも出来るが、オクターヴのパッセージに埋められたそれらは、いたずらに大仰なだけで、技法的には未だ熟していない。ソナタが外貌の大仰さとは別の、作曲技法の精華であることが、この時期になっても理解されていなかったことが覗える例である。（中略）

さて、このCDは第二次大戦前に書かれたソナチネが集められている。ソナチネという命名の裏には、ソナタに比べ、ある種の謙虚さや躊躇《ためら》い、或いはレトリックめいた感情が読み取れはしまいか。おそらく、こうした性格こそが、日本人に多くのソナチネを書かせた要因だということも言えよう。

このような「謙虚さや躊躇い」は、立原道造の人間性に通じている。そのことが、立原にソナタではなく、ソナチネを書かせたのである。立原をはじめ、三好達治、堀辰雄、丸山薫などが参加した四季派とは、ソナチネの詩の時代だったとも言えるのではないか。三好達治の四行詩を思い出す。堀辰雄の結婚祝いとして、立原は二枚のレコードを贈った。このことは、堀が立原の死の翌年に書いた「木の十字架」に書かれている。一枚は、ルネサンス音楽で、ヴィットリアの「アヴェ・マリア」とパレストリーナの「贖主の聖母よ」であり、もう一枚はドビュッシーの「もう家もない子等のクリスマス」である。この二枚の選択は、いかにも立原らしい「ソナチネ」志向が感じられる。

私は、立原道造については、パレストリーナやドビュッシーなどがふさわしいという印象を持って来た。だから、ブラームスとの関連で、次のような書簡の一節に出会って、考え込んでしまったのである。死の一年前の高尾亮一宛ての書簡である。

スキイやテニスはこちらではいたしません。レコオドも欲しがりながら、蓄音機がないので買へません。レコオドはどこかの喫茶店できいてゐます。ききたいといふより、持つてゐたいレコオドはブラームスの全作品と教会音楽とシューベルトの歌曲……バッハのもの。あとはひとつもいりません。

「教会音楽」や「バッハのもの」は、その宗教性から言っても分かる。「シューベルトの歌曲」も分かる。しかし、それらよりも先に、真っ先に挙げられているのが、ブラームスなのである。それも「ブラームスの全作品」と書いている。当時、SPレコードでブラームスのどれだけの作品が出ていたかは、私は把握していない。多分、有名な曲は出ていたのであろう。それにしても、立原道造が「ブラームスの全作品」とは、私にとっては意外であった。そして、それは、甘い青春の感傷と抒情の詩人というイメージを覆すに足るものだった。

ブラームスの肖像というと四十歳を越した頃から生やし出した立派な髭を蓄えたものが先ず、頭に浮かんでしまうが、ブラームスが二十歳頃の写真や、シューマンがJ・J・B・ローレンスに描かせた頃のブラームスのスケッチなどを見ると、異様なまでの繊細さが感じられる。中年以降のブラームスのどっしりした感じとはずいぶんと違う。この二十歳頃のブラームスの肖像は、何か立原道造の肖像を連想させる。ブラームスは、立原道造のように繊細な青年だった。そして、道造が二十四歳で死んだように、ブラームスもその年齢くらいで一旦死んだのである。ブラームスの偉大さは、その後、二〇年かけて、交響曲第1番ハ短調を完成させたことであろう。

私は、立原道造の詩を中央公論社の『日本の詩歌24』に収められたもので読んでいる（この巻には、丸山薫、田中冬二、立原道造、田中克己、蔵原伸二郎が入っている）。ページの下の方の「鑑賞」は、阪本越郎が書いているが、それを読んでいると、「やがて秋……」という詩については、「道造の詩特有の諦めの吐息のような詩。」とある。

また、「小さな墓の上に」という詩については、次のように書いている。

朝と死が、「しづまりかへつてめいめいの時間を生きてゐた」というこの詩の主題から、私は道造と散歩した追分の朝を思い出す。

追分の街道筋からちょっと入ったところにお寺の墓地があって、並んだ石塔はどれも乳緑色の石苔におおわれた古いものだった。その一番はずれに数基の小さな墓が並んでいた。何々童子之墓と書いてあるがよく読めない。

「これはお女郎の生んだ子の墓だそうですと彼は私に説明した。私はしばらくその前に佇んでいたが、馴れない霧のために、一層不安になっていた。すると彼は細い指先で墓石を撫でながら、『わびしいな、わびしいでしょう』と二三度云った。さびしいといわず、わびしいという所に彼らしい感じがある」（阪本越郎『四季』昭和十四年七月号）

「道造特有の諦めの吐息」といい、「わびしいという所に彼らしい感じがある」といい、このような道造の詩の特徴を指摘されてみると、意外とブラームスに近いような気がして来る。樋口一葉について書いたときに引用した吉田松陰の『留魂録』の一節が、同じ二十四歳で夭折した立原道造についても言えるのかもしれない。松陰は、そこで、人生にはその長短に関係なく、四季があるのだと言った。道造にも、青春の春があったように、晩年（それにしても二四年の短い生涯の晩年！）の秋があったのである。

「初冬」という詩がある。一九三八年（昭和十三年）の『四季』一月号に発表されたものである。

初冬

けふ　私のなかで
ひとつの意志が死に絶えた……
孤独な大きな風景が

弱々しい陽ざしにあたためられようとする

しかし寂寥が風のやうに
私の眼の裏にうづたかく灰色の雲を積んで行く
やがてすべては諦めといふ絵のなかで
私を拒み　私の魂はひびわれるであらう

すべては　今　真昼に住む
薄明《うすらあかり》の時間のなかでまどろんだ人びとが見るものを
私の眼のまへに　粗々《あらあら》しく　投げ出して

……煙よりもかすかな雲が煙つた空を過ぎるときに
嗄《しはが》れた鳥の声がくりかへされるときに
私のなかで　けふ　遠く帰つて行くものがあるだらう

この詩には、ブラームスが作曲したくなったのではないかと空想させるものがある。そもそも、この『日本の詩歌24』に収められた五人の詩人の中で、ブラームスが曲を付けたくなるような詩を書いたのは、立原道造だと思うが、その道造の詩の中でも、この「初冬」は最もブラームスが好んだのではないかと思われる。

「嗄れた鳥の声」とあるが、ブラームスの最後の作品「4つの厳粛な歌」(作品121)を嗄れた声で老ブラームスが自ら歌ったとき、聴く人に深い感銘を与えたと伝えられている。

この詩について、阪本越郎は、次のように書いている。

「初冬」昭和十三年『四季』一月号に発表された。道造の短い生涯における晩年の心象風景が、印象づけられる。彼の心は、寒々とした初冬を意識しつつ、寂寥の中に無の世界を見つめる。昭和十三年といえば、道造の死の前年で、彼の詩は、過去の抒情を拒み、「孤独な大きな風景」に直面して死の陰影を刻んでいた。第二連の「諦めといふ絵」について、彼は杉浦明平に次のように書き送った。

「形而上学が僕にひとつの滅形を教えた、無という言葉はおそらく僕の血にとって諦めという言葉ほどに理解された。カルル・ハイダアという十九世紀の画家が描いた絵に『諦め』という絵がある。灰色の雲が背景の空にうずたかく積みあげられている。遠景には暗い針葉樹林がかぎりなくつづいている。そして前景には葉をふるっている木の下に伏せた本を膝にのせてひとりの寡婦がものをおもっている絵である。僕は、写真版のその絵を見たとき、突然何かを告白したい欲望を感じた。すなわち僕の『無』の理解について、あるいは僕の『故郷』について

——」（昭和十三年一月下旬）

「薄明の時間のなかでまどろんだ人びとが見るもの」は、「無」の奈落であったろう。彼もまた打ち砕かれた鳥のように、故郷の空へ「遠く帰つて行くもの」を自分の中に見たと、告白しているのである。

「カルル・ハイダア」という画家の名前を、私は初めて知った。ドイツ・ロマン派の画家フリードリヒについて一冊の本『フリードリヒ　崇高のアリア』を出したくらいだから、ドイツの画家たちについても少しは調べたつもりだが、カール・ハイダーという画家は視野に入って来なかった。『フリードリヒ　崇高のアリア』の中で、フリードリヒの絵から連想される音楽として、私がとりあげたのは、多くシューベルトだった。しかし、ブラームスの曲は触れなかった。フリードリヒは、ドイツの北限、バルト海沿岸の小さな港町、グライフスヴァルトに生まれ、北ドイツの港町、ハンブルク生まれのブラームスとは、その精神の北方性において似たところがあるのだが、何故かブラームスの音楽を連想しなかった。それは、単にその頃シューベルトの音楽をよく聴いていて、ブラームスはそれほどでもなかったということかもしれないが、フリードリヒとブラームスの生きた時代の違いもあるように思われる。フリードリヒは、一七七四年に生まれ、一八四〇年に死去。ブラームスは、一八三三年に生まれ、一八九七年に死去。一方、シューベルトは、一七九七年に生まれ、一八二八年に死んでいるのであり、フリードリヒとは、同時代を生きている。そういう意味では、カール・ハイダーは、一八四六年生まれ、一九一二年に死んでいるから、ブラームスと同時代人と言っていい。ミュンヘン生まれであるから、北方人ではないが、確かにその風景画はブラームスの音楽が聴こえて来るような作品である。

私に限らず、今日の日本で、この画家はほとんど知られていないのではないか。このような画家の作品を「写真版」で見ていること、そして、深い共感を告白していること、このことはやはり立原道造が端倪すべからざる詩人であることを示している。

堀辰雄は、「木の十字架」（昭和十五年五月）の中で、次のように書いている。

　私達が結婚祝ひに立原から貰つたクロア・ド・ボア教会の少年達の歌やドビュッシイの歌のレコオドをはじめて聴いたのは、その翌年の春さきに、なんだかまるで夢みたいに彼が死んでいつてしまつた後からだつた。私達はそのレコオドを友人の家に携へていつて、それをはじめて聴いたのである。

　それから、その夏（去年）軽井沢へ往つたときは漸く宿望の蓄音機をもつていけたので、私の好きなショパンの「前奏曲」やセザアル・フランクの「ソナタ」なんぞの間にときどきその二枚の小さなレコオドをかけては、とうとうこれがあいつの形見になつてしまつたのかと思ふやうになつた。

これは、立原が死んだ昭和十四年の夏のことである。堀は、「私の好きなショパン」やフランクと言っているが、その前年の晩秋の頃、ブラームスの「アルト・ラプソディー」を聴いて深い感銘を受けているのは興味深い。晩秋の頃と私が推測するのは、「ゲエテの『冬のハルツに旅す』」と題したエッセイが、『商大新聞』の昭和十四年の一月一日号に掲載されているからである。このゲーテの詩に出て来る「一人の青年」は、堀辰雄には立原道造のように思えたのではないか。堀は、こう書き出している。

ゲエテの「冬のハルツに旅す」の断章にブラアムスが付曲したアルト・ラプソディを、一週間ばかり前からレコオドでをりをり聴いてゐるが、どうもそれを唱つたオネエギンといふ女のひとの、すこし北欧訛りのある陰影に富んだ、底光りのする歌ごゑがすつかり耳についてしまつてゐる。夜など、ふと目をさますと、その歌が耳の底から蘇つてくるやうである。

確かに、ブラームスの「アルト・ラプソディー」は、堀辰雄に合っている。堀辰雄は、バスやバリトンでないのは、もちろんだが、テノールでもないような気がする。その文体の声は、女声のアルトではないか。ここまで聴き込んだのは、当然であろう。小林秀雄には、この曲は、似合わない。小林秀雄は、テノールであろう。この堀のアルトの声には、青春時代から惹かれていて、『堀辰雄——「大和路」の方へ』という堀論を書いたのは、内村鑑三に邂逅する直前の一九八六年二月のことであった。そして、この「大和路」の唐招提寺の円柱についての堀の感慨を『内村鑑三』の第二章「人間のエンタシス」の中で引用した。堀辰雄は、世界と人間のエンタシスを感じ取る繊細さを持った人だった。

堀は、前川誠郎の文章の中で「ヴェルテル病患者」と呼ばれていた青年をめぐっての詩行について次のように書いている。

旅人はをりをり二三日前に会つた一人の青年の不幸な姿をおもひうかべる。その厭世的になつてゐる青年がそれまで何度も手紙を寄こして彼に救ひを求めてゐたので、彼はこの度の旅行の途中、わざわざその青年に会つていろいろ意見をしてやつたが、その甲斐もなかつたのである……（中略）

それと同時に、彼には再び、あのかはいさうな、無益に人生に抗してゐるやうな青年のすがたが、こんな心象《イマアジュ》でまざまざと泛《うか》んでくる。

されどかしこに孤《ひと》り立てるは誰ぞ。
彼れが掻《か》き分けゆくは藪《やぶ》ならずや。
その過ぎし跡に灌木はふたたび枝さしかはし、
踏まれし草も身を起こせり。

何たる荒蕪の彼れを呑まんとする！

ブラアムスのアルト・ラプソディのはじまるのは此処だ。詩の気分の高まりと共に、オネエギンの力強い独唱は、かくして道にはぐれていった不幸な若者に対する如何ともしがたい憐憫でいよいよ沈痛を加へる。いまは香料すら毒のやうにおもひこんでゐるもの、人を愛しすぎたがために却って厭人的になってしまったもの、はじめ人から侮られて遂に人を侮るやうになったもの、充たされぬ自己の欲望のためにいつか自分自身をも知らず識らずの裡《うち》に蚕食してゐるそのやうな不幸のものを、一体誰が慰め得ようか？

愛の父よ、おんみの竪琴の上に
彼れの耳にも入りうべき
調べのひとつだにあらば
かれが心を慰めたまへ

此処から徐かに男声合唱がアルトに絡《から》みはじめ、低いオオケストラを伴奏にしながら、旅人の同情は遂に一つの大いなる祈りにまで高まってゆく。……かかる不幸な若者のための荘重な祈りのうちにブラアムスのラプソディは終る（後略）

『解説書』には、この男声合唱が加わる第三部を情熱的な「讃美歌」であると言った人もあると書かれている。確かに「アーメン」で終わるのである。この「アーメン」は、ゲーテの詩にはなく、ブラームスが付け加えたものだ。また、ニーマンという研究家が、その『ブラームス伝』でこの第三部は「祈願の歌」であると言っていることも紹介されている。「アルト・ラプソディー」が心を最も打つのは、この第三部である。ここには、「一つの大いなる祈り」「荘重な祈り」が歌われているからである。

聴いているうちに、この「不幸な若者」は、かつての自分であったように思われてくる。そして、「大いなる祈り」が、自分の上に降りて来るような感じが溢れる。この歌曲が、かくも感動的であり、堀辰雄が言うように「その歌が耳の底から蘇つてくる」ようなのは、この「祈り」が入った音楽だからである。ブラームスは、この「不幸な若者」を自分のこととしても作曲しているのであろう。ブラームスは、ゲーテの詩が全部で十一節あるものから、「不幸な若者」に関係した三節だけを選んで作曲している。

ゲーテは、この自分の中の「不幸な若者」を乗り越えた。そのための「冬のハルツの旅」であった。この詩は、全体としては、その為に書かれているのである。堀辰雄は、「不幸な若者」を歌った詩節の後の詩の展開について、次のように書いている。

数日後、旅人は遂に前人未踏のブロッケン山の絶頂を極める。きり立つた花崗岩の頂きに禿鷹のやうに立つた詩人——彼の上方には明るい明るい空がある、そこからは太陽が烈しく灼ついて、外套の襞からは焦げ臭い匂ひが立つ程だ。（中略）詩人の飽くことを知らない自然探究の心は、かくして地質の構造、鉱物学などの上にまで拡げられて行くのである。いまこそ、彼の大いなる使命の自覚が彼の裡に目ざめつつあるのである。

そこでゲエテの詩は終る。——「ギヨオテ伝」に拠ると、詩人はブロッケン登攀後、さらに二日間ハルツを歩き廻つてから、狩猟の一行と落ち合つて、一しよにワイマルに帰つた。そしてこの旅から帰つた頃から、ゲエテは著しく真面目になり、一種の超然たる内生活に入つたといはれる。

しかし、ゲーテの中の「不幸な若者」は決して死んではいなかったと思われる。この「不幸な若者」は、やがて晩年にいたってはるかに大きな、そして深刻なものとなり、それが「ファウスト」となって出現したとも言えるからである。それはともかく、ブラームスの「アルト・ラプソディー」は、誰でも恐らくは陥るであろう「不幸な若者」への祈りが歌われていることによって、それを聴くと自分の青春を思い出す。この「不幸な若者」は、画家のフォイヤーバッハであったし、ブラームスでもあった。また、立原道造でもあった。「不幸な若者」に立原道造を見た堀辰雄も、そうだったに違いない。

第II部　ブラームス全曲をめぐる手記

二十歳のブラームス。ロベルト・シューマンが
J・J・B・ローレンスに描かせたスケッチ。

二〇二一年八月二日から、私が住んでいる神奈川県にまた緊急事態宣言が発令されることになった。期間は三十一日まで。これまで緊急事態宣言が出されていた東京都、沖縄県に加えて、埼玉、千葉、神奈川の首都圏三県も緊急事態宣言の期間に入ったのである。

この日から、ブラームスの作品を一日に一曲ずつ『作曲家別名曲解説ライブラリー　ブラームス』（以下、解説書と記す）に掲載されている順番に聴いていくことにした。結局、緊急事態宣言は、九月三十日まで延長されたので、最後の曲を聴いた九月二十七日まで宣言下にあったことになる。

交響曲第1番　ハ短調　作品68

一八七六年
四十三歳

「ブラームスは、批評の極点だ」（小林秀雄）

フルトヴェングラー指揮、ベルリン・フィルの演奏（一九五二年二月十日のライヴ）で聴く。

ブラームスの交響曲第1番は、いつもこのCDで聴いて来た。この曲の後に入っている「ハイドンの主題による変奏曲」とともに何回も聴いたものだ。この二曲は、続けて聴くべきもののようにも思われる。解説書の交響曲の項目のところに、「古典的で絶対音楽的な立場を敢然として守りぬいた。」とあるが、この交響曲と変奏曲を通して聴くと、この「古典的で絶対音楽的な立場」が貫かれていることが圧倒的に伝わってくるからである。

今は亡き孤高の指揮者、宇宿允人《うすきまさと》さんの、この曲の練習風景の映像を見たことがある。その中で、強く覚えているのは、第1楽章の冒頭の、ウン・ポーコ・ソステヌートの序奏について、ここは弁慶の立ち往生のように鳴らなければならないと言っていたことである。的確だと思った。楽団員の中でも若い人には、この「弁慶の立ち往生」の意味が伝わったかどうかは分からないが、宇宿さんは、こういう譬えで音楽の表情を指示するのを得意とする人だった。例えば、シューベルトの交響曲第9番「グレイト」のリハーサルでは、第2楽章を「葬送行進曲」と性格づけ、その「悲痛な気分」を楽団員に伝えるために、「きけ　わだつみの声、学徒動員のときの、軍靴で玉砂利を踏んで進む一種の悲痛な気持ちが出てこなければならない」と説明している。これなど、「弁慶の立ち往生」以上に、若い楽団員には伝わらない恐れがありそうだ。しかし、これは、或る意味では突飛だが、不思議なリアリティのある結びつけ方なのである。

この交響曲は、着想から完成までに二〇年かかった。ブラームスは、指揮者のハンス・フォン・ビューローに巨人（ベートーヴェン）が背後から行進して来るのを聞くと、とても交響曲を書く気にはならないと語ったという。確かに、ベートーヴェンの九つの交響曲の後に、交響曲を書くのは大変なことであったろう。序奏で、「弁慶の立ち往生」のような力が入ったはずである。そして、ブラームスは、ついに交響曲第1番を完成し、ビューローはそれを交響曲第10番と呼んだのであった。ベートーヴェンを正統的に継いだということであろう。

交響曲第1番を交響曲第10番と呼んだのは、ビューローだけではなかった。解説書には、「実はこれと同じ呼び名を、当時指揮活動をしていて、のちに音楽学の方面でも名をあげたヘルマン・クレッチュマー」も与えていることが紹介されている。彼は、「この交響曲を芸術家のもっとも意義深い作品とみなし、そして一般的にいって、ベートーヴェンの《第9交響曲》以後に書かれたもっともすぐれた交響的な創作品と認めるということを、即座にまずいうことができる。この意味でこの作品は、《第10交響曲》と呼ばれてもまったく不適当ではない……」と書いた。

小林秀雄は、昭和三十五、六年頃、NHKラジオの教育放送の企画「音楽炉辺談話シリーズ」中で、ブラームスについて主として語っていた。最近、ブラームスをよく聴くが、第1番のシンフォニーをこの間聴いてやはり非常に感動したという。ベートーヴェンが九つのシンフォニーを書いた後で、よくぞ書けたという作品だとして、これはブラームスが二〇年かかって作曲した曲だが、それはベートーヴェンを理解するのに二〇年かかったといった方が正しいのだ、と小林らしい把握をしている。

そして、若い頃のブラームスについてシューマンがいったように、ブラームスは大変豊かな才能を持っていた人だが、それを使って、風変りなもの、ベートーヴェンとは別の方向へ行くことはしなかったという。別の方向へ行くことは、簡単なことだったのだ、ブラームスにとってベートーヴェンをすっかり理解することの方が大事だったんだね、とつづける。風変りな、別のもの、そんなものはみんな「捨てちゃって」、「これは」という音だけを鳴らす。

だから、ブラームスは「批評の極点」だと小林は断言している。「批評の極点を知った人」ともいっている。ベートーヴェンによって完成されたものの「先にちょっと出す」、これだと小林は自らの批評との共振を感じているような声で語っている。

そして、この頃では、音楽を聴くとき、音が良心的かどうかが重要な点になってきているという。

ブラームスの音は、極めて良心的だが、それに比べてリスト、ヴァーグナーはどうもね、という風に語っている。音が良心的かどうか、良心的な音、こういういい方は実に新鮮である。美しい音、魅惑的な音とかの音の美学の面でしか、音楽を聴いていない人間には、思いつきもしまい。しかし、真に音楽を聴くとは、音の倫理学にまで触れることなのだ。

ブラームスは、絶えずベートーヴェンを意識していたが、その年齢差を改めて考えてみると、ベートーヴェンは一七七〇年生まれ、ブラームスは一八三三年生まれ、六三年の差である。凡そ半世紀後の人間だったということになる。近すぎると影響は純粋なものにならないのかもしれないし、離れすぎるとその影響は薄れてしまうのかもしれない。半世紀くらいの時間的距離感が、影響が本質的なものに濾過されて伝わるのに丁度いいように思われる。

私は、十七歳の頃、小林秀雄の文章に出会って、文芸批評家の道を目指した。その年齢差は、小林秀雄が一九〇二年生まれ、私は一九五三年生まれ、半世紀の差である。私は、内村鑑三に邂逅することで小林秀雄のエピゴーネンにならないですんだが、また一方、小林秀雄をその本質において敬しつづけているのは、この年齢差にもよるのかもしれない。小林秀雄は、近代日本の批評において、いわばベートーヴェンの位置にある人であったのであり、私は、ブラームスの姿勢に倣うことにしたのだ。小林秀雄や河上徹太郎、そして中村光夫などの批評から学び続け、ヴァーグナーやリストのような時代の先端を行く（あるいは時代に迎合する）道をとった、小林の後に登場し流行した批評家たちの「方向へ行く」ことは頑なに拒絶した。それは、「良心」の問題であった。

ブラームスの交響曲第1番ということでは、芥川也寸志のエピソードが思い出される。芥川也寸志は、芥川龍之介の三男で、黛敏郎、團伊玖磨と「三人の会」を結成し、戦後日本の作曲界に新風を吹き込んだ作曲家である。平成元年（一九八九年）に六十三歳で亡くなったが、死の前日、家族に「もう一度ブラームスの交響曲第1番が聴けたら……」ともらしたと伝えられている。芥川也寸志といえば、私などは、NHKの大河ドラマの第二作目「赤穂浪士」のテーマ音楽を思い出す。大佛次郎の原作で、大石内蔵助を長谷川一夫、吉良上野介を滝沢修が演じた名作であるが、芥川が作曲したこの音楽がまた大変印象に残っている。

芥川也寸志は、「若い頃」「大変豊かな才能を持っていた人」に違いあるまい。しかし、戦後直ぐ、芥川は、黛敏郎と同じく（團伊玖磨はもうすこし古典派だったが）、ストラヴィンスキーに飛びついたのである。「風変わりなもの、ベートーヴェンとは別の方向へ行く」ことを選んだのである。それが、時代の風潮であったのであろう。そして、それはそれなりに真剣な取り組みであったに間違いない。しかし、実は「それは簡単なことだったのだ」。

芥川也寸志の作品として、「赤穂浪士」や映画「八甲田山」の音楽の他に、何が残っているであろうか。私は、「エローラ交響曲」「交響三章」「オーケストラのためのラプソディ」などを聴いたが、傑作とはいえないと思った。それは、芥川也寸志自身が身に沁みて知っていたであろう。死の前日、ブラームスの交響曲第1番を聴きたいと思ったのは、ストラヴィンスキーの道ではなく、ブラームスの道を歩んでいれば、作曲家人生は随分違ったものになっていたであろうという悔恨ではなかったであろうか。交響曲第1番を聴くということは、交響曲第10番を聴くことであり、ブラームスを通してベートーヴェンにもつながる道だったからである。

今回聴いて、この交響曲の核は、第4楽章のコーダにあると改めて感じ入った。ベートーヴェンのモットー「苦悩を通して歓喜へ」は、ブラームスが「二〇年かかって」、「ベートーヴェンを理解」し、この第1番のコーダで高らかに鳴っている。ここで、ブラームスは、自分がベートーヴェンに繋がっていることを「歓喜」とともに宣言している。このコーダを聴くと、ベートーヴェンの道、あるいは何か根本的なものに、自分も推参しているような実感が溢れて来て、その感動は圧倒的である。

このハ短調の交響曲第1番は、同じハ短調のベートーヴェンの交響曲第5番「運命」に比べられることが多いが、「運命」の第4楽章のコーダの「苦悩を通して歓喜へ」とブラームスの第1番のコーダのそれには、やはり個性の違いが出ているように思われる。それは、時代の違いも関係しているであろう。ベートーヴェンの方は、個人の英雄的な意志による突破であるが、ブラームスの曲には、国家の独立の喜びの感じも伴っているのである。

この交響曲1番の完成は、一八七六年だが、その作曲の期間に、一八七一年のドイツ統一帝国の成立があった。この成立は、ブラームスが待望していたものであった。解説書には、「第4楽章が歓喜を謳歌したものになっているのは、全曲を通しての音楽の流れがベートーヴェンの好んだモットーの闘争ののちの勝利（歓喜）を示し、ベートーヴェンからの影響をうかがわせると同時に、帝国成立の喜びをブラームスなりに率直に表現した結果であるといわれている。」とある。

ブラームスに天才を認め、世に出すのに大きな役割を果たした作曲家、シューマンの夫人、クララのピアノの弟子だった一人の英国人女性が、ブラームスの回想録を書いているが、ブラームスは政治に強い関心を寄せていて、ウィーンに何年も住み、そこの人々に愛着があったはずのブラームスは、実は熱烈なドイツ愛国主義者であることが、話の端々にはっきりとあらわれていたと書いている。

ブラームスの評伝として代表的な、カール・ガイリンガーの『ブラームス』の中には、普仏戦争に触れて、「彼は、戦争の一切の出来事に興味を持って追ったが、ドイツの勝利に対する愛国者の喜びは、堂々たる『勝利の歌』の中に直接的に表現された。この作曲はドイツ皇帝に献呈された。しかしブラームスは実際それを、一八七〇年から一八七一年の事件（普仏戦争）の後に、彼がその同時代人の誰に対してよりも尊敬の念を抱いていたビスマルク公のために書いたのであった。ブラームスの部屋には月桂冠を戴いたビスマルクの肖像が掲げられていた。」と書かれている。「勝利の歌」は、解説書には、「この曲は、管弦楽を伴ったバリトン独唱（ただし第3楽章のみ）と混声四部合唱の二重合唱のための三つの楽章からなるという、かなり規模の大きな作品である。」と書かれている。

ブラームスといえば、「秋の作曲家」などと呼ばれることもあり、渋い音楽をイメージすることが多いが、最初の交響曲である第1番には、「愛国者」ブラームスの一面が強く出ているのである。

しかし、ベートーヴェンの「英雄」は、ナポレオンであったのに対して、ブラームスのそれは、ビスマルクであった。ヨーロッパにおける半世紀の時間は、そのようなところにも表れ、それは、音楽のベートーヴェンからブラームスへの流れに通じているのである。

そして、二〇年かけて四十三歳で交響曲第1番（交響曲第10番）を創造し得たブラームスが、晩年には、ピアノ小品「間奏曲」を書くに至ったこと、これがブラームスの人生の道程に他ならなかった。私が、それまでのすべてを活かして『内村鑑三』を上梓したのは、もう三十七歳であった。これも小林秀雄と出会ってから二〇年経っていた。私の『内村鑑三』は、生涯の仕事の位置づけからすればブラームスにおける交響曲第1番のような位置にあるのかも知れない。となると、この『ブラームス・ヴァリエーション』は、「間奏曲」ということになるであろうか。

追記

1　サー・ジョン・バルビローリ指揮、ウィーン・フィルの演奏（一九九六年）で聴く。

バルビローリの演奏は、ゆっくり歌うもので、美の演奏と言っていい。抒情の美しさは、胸に迫ってくる。しかし、ブラームスは、美に傾き過ぎてはブラームスではなくなるのではないか。北ドイツ人、ブラームスは、義の音楽家でもあったからである。義とは、小林秀雄がブラームスについて言った「忍耐、意志、勇気」と言い換えてもいい。特に、この交響曲第1番は、ベートーヴェンの影響下にあり、突き進んで行くイデーの音楽なのである。ブラームスは、美しく鳴らそうと思って演奏してはならない。確かに、ブラームスの音楽は、その歌うところでとても美しい。しかし、その美しさは、「已むを得ず」現われる美でなくてはならない。「已むを得ざるなり」（「コリント前書」第九章十六節）である。

『ベートーヴェン　一曲一生』の中で、モーツァルトは美の音楽家、ベートーヴェンは義の音楽家とあえて分けたが、もちろん、モーツァルトにも義の要素はあるし、ベートーヴェンが美しいのは言うまでもない。この美と義の観点から言うと、ブラームスにおいては、美と義は溶け合っているような趣がある。美に義が沁み透っているのである。

北ドイツ人、ブラームスの義ということになると、内村鑑三の「デンマルク国の話」を思い出す。ブラームスは、北ドイツのハンブルクに生まれたが、父親のヨハン・ヤコブは、「ホルスタインのハイデという小さな村に生れた」（カール・ガイリンガー）。ヨハン・ヤコブの父は、この村で旅籠屋と食料品店を営んでいたのである。しかし、ヨハン・ヤコブは、十九歳のとき、音楽家になりたいという意志を持って、大都市ハンブルクに出て行った。ガイリンガーは、「彼は最も困難な条件の下に働くことに慣れているホルスタイン人の執拗さをもって、ついにあらゆる反対に打ち克った」と書いている。ブラームスは、気質的にホルスタイン人なのである。

ブリュイールの本には、「ブラームスの故郷、少なくとも彼の祖先の郷土はホルスタインであり、地図を見ると、それはデンマークのユトランド半島をその上に横たえている台座のように見える。」と書かれている。

私は、この「ホルスタイン」という地名を見たとき、内村の「デンマルク国の話」を思い出したのである。「デンマルク国の話」は、現在、岩波文庫に『後世への最大遺物・デンマルク国の話』として入っていて、「後世への最大遺物」とともに内村鑑三の有名な講演の一つである。

「デンマルク国の話」は、明治四十四年（一九一一年）に行われた講演である。文庫の解説には、「本文の内容は、デンマークが、一八六四年いわゆる第二次シュレスウィヒ・ホルスタイン戦争の結果プロシャとオーストリアに対しシュレスウィヒ・ホルスタインの二州を割譲させられたのち、戦敗国の戦後経営としていかなることを行ったか、その国民は戦いに破れていかに精神に破れなかったか、国民が宗教的信仰に拠って立って自然は彼らに対していかに無限の生産力を示したか、善き宗教、善き道徳、善き精神があって国は戦争に負けてもいかに衰えなかったか、そういうことが、ダルガス父子の植林事業の叙述を主軸として、述べられているのであります。」と書かれている。

ユトランド半島の荒れ地を「植林」によって豊かな土地に変えていった、この「ダルガス父子」の「忍耐、意志、勇気」が内村の力強い言葉で語られているのを読むと、ブラームスの血にホルスタイン人の気質が濃く流れていることに思い及ぶのである。

2　ホルスト・シュタイン指揮、バンベルク交響楽団の演奏（一九九七年九月）で聴く。

スター指揮者の対極にあったシュタインが、いかにもドイツ的なバンベルク交響楽団を指揮したこの演奏は、バルビローリの美とは違って、ゴツゴツした義の演奏と言っていい。やはり、この重厚な響きの方が、ブラームスなのではないか。ドイツの中世の古都、バンベルクの歴史を感じる。

この交響曲第1番は、終楽章が、それまでの3つの楽章を経て、最高の盛り上がりを見せる。この演奏のコーダは、ブラームスの「忍耐、意志、勇気」が爆発している。ガイリンガーは、「終楽章の讃美歌風の昂揚」と書いている。

3　カール・シューリヒト指揮、スイス・ロマンド管弦楽団の演奏（一九五三年十二月）で聴く。
シューリヒトに向いている第2番と違って、この1番は、構えの大きい曲である。シューリヒトは、どう演奏しているか。実は、初めて聴くのである。やはり、ユニークな演奏であった。変っているというより、この交響曲第1番を見直させる演奏であった。

終楽章の演奏時間で見ると、フルトヴェングラーは、一七分六秒、バルビローリは、一九分一三秒、シュタインは、一八分二二秒なのに対して、シューリヒトは、何と一四分二一秒なのである。

この速さは、尋常ではない。画期的である。一筆書きで書かれたような演奏だが、憧れは一本の線で上に向かって垂直に引かれている。ブラームスは、確かに重厚でなければならない。しかし、それは、必要以上に重々しくなってはならない。いわんや、尻重になってはならないのである。

8月3日

交響曲第2番　ニ長調　作品73

一八七七年
四十四歳

「ペルチャッハとはどんなに美しいところなのだろう」（テオドール・ビルロート）

カール・シューリヒト指揮、ウィーン・フィルの演奏で聴く（一九五三年六月）。

交響曲第2番は、ブラームスの「田園交響曲」と言われることがある（となると第1番は、さしずめブラームスの「運命」ということになるであろう）。こういう曲は、「無私」の指揮者、シューリヒトが向いている。

この交響曲は、普段からよく聴く音楽である。シューリヒトの演奏が名演ということもあるが、この曲の「晴朗さ」が必要な気分に陥ることが間々あるからである。ブラームス自身は、この曲の作曲中にハンスリックに手紙を出して、この曲を「陽気で愛すべきもの」と形容している。この第2番は、四つの楽章が、全て長調なのである。

この交響曲でも、第1番と同じように、第4楽章のコーダがすばらしい。このように輝かしく喜ばしいコーダが終わるとき、精神は或る肯定的な決断を得ることができる。第4楽章は、「アレグロ・コン・スピリート」である。「スピリート」、極めて生気に富んだ喜ばしい楽章ということである。

第1楽章について、クレッチュマーは「沈みゆく太陽が崇高でにごりのない光を投げかけている楽しい風景」と形容した。ブラームスは、ヴェルター湖畔のペルチャッハで、この曲の作曲に着手した。友人で外科医のビルロートは、ブラームスに宛てた手紙で、「幸福な喜ばしいムードがこの作品全体にあふれている。そこには完全主義がはっきりあらわれていて、清澄な思考とあたたかい感情が無理なく流れている。……ペルチャッハとはどんなに美しいところなのだろう」と書いている。

このビルロートの感想は、私もこの曲を聴くたびに抱くもので、私は、死ぬまでにペルチャッハにはぜひ行きたいものだと思っている。解説書には、「ブラームスは、この年はじめてペルチャッハで夏をすごしたのだった。そして、この南オーストリアのアルプスの山々にかこまれたこの村を大いに気に入り、その後の二年もここに避暑にやってきたほどだった。」とある。この「美しい村」(堀辰雄!)で、交響曲第2番を聴いてみたいと願う。

一八七七年の六月に着手して、その年の十二月三十日にハンス・リヒター指揮のウィーン・フィルの演奏で初演されていて(やはりこの曲は、ウィーン・フィルで聴かねばなるまい)、作曲に実質的にはわずか四か月しかかかっていない。交響曲第1番が二〇年なのに対して、四か月である。作曲の筆の運びは、ブラームスとしては相当に速かったものとして有名であるが、速筆でなければとらえられないものがあるのだ。じっくり取り組めばいいというものでもない。この第2番に表現されている「晴朗さ」は、いじくりまわしては壊れてしまうであろう。

前述したビルロートの手紙は、一八七七年十二月四日のもので、初演の前である。実はブラームスは、すでに十一月にはこの曲の四手ピアノ用への編曲に従事していて、十二月にはビルロート（ピアノの名手でもあった。こういう人物が数多存在していたことは、十九世紀ヨーロッパの文化の厚みを示しているであろう）とそれを試演したのであった。だから、手紙にあった感想は、四手ピアノ用編曲版を弾いたときのものなのである。ピアノ版で聴いたとき、「ペルチャッハとはどんなに美しいところなのだろう」と感動したのである。オーケストラ版よりも、かえってこういう憧れを抱かせるのかもしれない。

四手ピアノ用編曲版も聴いてみたくなった。

追記

1　エフゲニー・ムラヴィンスキー指揮、レニングラード・フィルの演奏（一九七七年九月）で聴く。ブラームスの第2番は、いつもシューリヒトの指揮で聴くことにしているが、今回、ムラヴィンスキーのものを聴いてみる。このムラヴィンスキーのCDは、買ってはいたが、一度も聴いたことはなかった。このロシア人の性格の厳しい人物が、ブラームスの交響曲第2番をやると、ペルチャッハの風景が、昔、ロシア文学の小説で読んだことがあるような中央アジアの大草原かシベリアの大平原の光景を連想させる音楽になってしまっているのではないかという思い込みがあったからである。

聴いてみたら、果してそうだった。第4楽章では、何か雪嵐が吹いているようであった。

この交響曲をピアノでブラームスと一緒に弾いた友人のビルロートは、「ペルチャッハとはどんなに美しいところなのだろう」と言ったが、このムラヴィンスキーの演奏では、そんな感想は浮かんで来ない。十五歳でロシア革命を経験し、三十五歳から実に五〇年もの間、レニングラード・フィルの首席指揮者として君臨したムラヴィンスキーは、やはりショスタコーヴィッチの交響曲に向いている。ショスタコーヴィッチの交響曲第5番「革命」は、比類のない名演である。あとは、チャイコフスキーの交響曲第5番などであろう。

それにしても、この一九七七年九月の東京文化会館での実況録音には、最後に盛大な拍手が入っているが、ソ連崩壊の二〇余年前の日本では、ソ連のオーケストラに過剰な思い入れをする人間も会場に一杯いたに違いないことを、苦い思いをもって振り返らされる。

2 ホルスト・シュタイン指揮、バンベルク交響楽団の演奏（一九九七年七月）で聴く。

ムラヴィンスキーの演奏の後に、これを聴くと、ペルチャッハに、少なくともドイツには戻って来た感じがする。

8月4日

一八七七年
四十四歳

交響曲第2番の四手ピアノ用編曲版

「沈みゆく太陽が崇高でにごりのない光を投げかけている楽しい風景」

（ヘルマン・クレッチュマー）

トーヴ・ルンスコウ、ロドルフォ・ランビアスの連弾による演奏（一九九二年五月）で聴く。

輸入盤である。昔、こんな珍しいCDを買い求めて聴いたのは、交響曲のピアノ版に興味があったからである。

グレン・グールドがベートーヴェンの交響曲第5番のピアノ版（リスト編曲）を世界で初めて録音した。これを聴いたときの感銘は大きかった。聴き慣れた「運命」が、オーケストレーションを剝ぎ取られて、ベートーヴェンのイデーだけが鳴っている。それだけが鳴ることによって、そのイデーはより強烈に現われてくる。グールドは、ベートーヴェンの第6番のピアノ版（リスト編曲）も録音した。

ブラームスは、この交響曲第2番の他にも、交響曲第1番、第3番、第4番（つまり、全交響曲）

の四手用編曲版を作曲しているが、私の手元には、交響曲第1番と第2番のものがある。思うに、四手ピアノ用に編曲する交響曲としては、第2番の方が、第1番より向いているようである。第1番が、叙事詩的なのに対して、第2番は、抒情詩だからである。ブラームスの心の歌であり、ピアノによってその歌はより深々と歌われている。

四手ピアノ用編曲版は、ゆっくりと弾かれている。演奏時間が、原曲に比べて随分長い。カール・シューリヒト指揮、ウィーン・フィルの演奏では、第1楽章が一四分、第2楽章が九分、第3楽章が五分、第4楽章が九分であり、全体では三七分ほどである。それに対して、四手ピアノ用編曲版では、全体で四五分くらいもある。

ブラームスと一緒に試演した友人のビルロートは「幸福な喜ばしいムードがこの作品全体にあふれている。そこには完全主義がはっきりあらわれていて、清澄な思考とあたたかい感情が無理なく流れている。……ペルチャッハとはどんなに美しいところなのだろう」とブラームスに書いた。こういう憧れを抱かせたのは、このピアノ版だったのである。

四手ピアノ用編曲版で第1楽章の出だしがゆっくりと弾かれ出すと、ビルロートの憧れが、私にもやってくる。クレッチュマーが、第1楽章を「沈みゆく太陽が崇高でにごりのない光を投げかけている楽しい風景」と形容したことは、原曲で聴いたときにも知っていたが、あまりピンと来なかった。しかし、四手ピアノ用編曲版で聴くと、この「風景」が思い浮かんで来る。確かに「崇高」なものが鳴っている。ドイツ・ロマン派の画家、フリードリヒの絵にこのような風景を描いたものがあったような気がする。

8月5日

交響曲第3番　ヘ長調　作品90

一八八三年
五十歳

「交響曲第3番は、ブラームスの『エロイカ』だ」（ハンス・リヒター）

ホルスト・シュタイン指揮、バンベルク交響楽団の演奏（一九九七年七月）で聴く。

この曲を一八八三年十二月にウィーンで初演した指揮者のハンス・リヒターは、この交響曲第3番をブラームスの「エロイカ」と呼んだという。確かに、この交響曲の第1楽章は、アレグロ・コン・ブリオである。ベートーヴェンの「エロイカ」の第1楽章も、アレグロ・コン・ブリオであり、このアレグロ・コン・ブリオは、交響曲第5番「運命」の第1楽章をはじめとしてベートーヴェンの多くの曲に使われているもので、ベートーヴェンのベートーヴェンたる所以のものである。

しかし、アレグロ・コン・ブリオは、そもそもブラームスには向いていない（アレグロ・コン・ブリオを使ったのは、恐らくこの楽章だけであろう）。ブラームスは、交響曲第2番や第4番の第1楽章のように「アレグロ・ノン・トロッポ」と「ノン・トロッポ（あまり程度が激しくならないように）」が付くのである。ブラームスは、自分の「エロイカ」のようなものを創ろうと考えたのかもしれないが、随分違ったものとなった。解説書には、「この英雄は、ベートーヴェンがイメージした英雄とはまったく違っている。しかも、どの楽章も、たくましく力強く終ってよさそうなものだが、淋しく静かに終るので、壮大な英雄という感を強めない。」とある。特に第4楽章は、極めて情熱的で闘争的な音楽であるにもかかわらず、最後は、「諦めたように終わる」（解説書）のである。結局、この「エロイカ」という呼び名は、ブラームスの交響曲第3番には、ふさわしくないとして、一般的にならなかったという。確かに、この第3番をブラームスの「エロイカ」と呼ぶ習慣はないようである。

ベートーヴェンの「エロイカ」は、ナポレオンであったのに対して、ブラームスの時代の「エロイカ」は、ビスマルクであった。この時代の趨勢の影響もあるであろう。ビスマルクでは、このような「エロイカ」しか作れまい。この交響曲第3番を作曲したのは、ブラームスが五十歳のときであった。知命の年である。ブラームスは、この交響曲第3番で、ベートーヴェンとの違いを、「天命」として思い知ったのかもしれない。

ブラームス派とヴァーグナー派の周知の対立は、この頃、白熱化していたのであり、ヴァーグナー派の歌曲作曲家であるフーゴー・ヴォルフは、この曲について、一八八四年十一月三十日に、次のように書いている。「《魔弾の射手》の明るい祝典的なひびきによる楽しい気分にすぐにブレーキがかけられてしまった。ブラームスのヘ長調の交響曲がそれにつづいたからである。ヨハネス・ブラームス氏の交響曲としては、これは、部分的に熟達した称揚すべき作品であるが、ベートーヴェンの《第2交響曲》とくらべると、まさにできそこないの作品である。というのも、ブラームス博士のような人にまったく欠けているものがすべてベートーヴェンの第2番から求めることができるからである。つまり、それは独創性というものである。ブラームスは、シューマンやメンデルスゾーンの亜流であって、そうした存在として芸術の歴史の流れに故シューマンに似た影響とでもいえるものをおよぼしている。……」

このヴォルフという異様な感受性を持った男の批評は、単にヴァーグナー派の悪意からとも言い切れないものがあるように思われる。ヴォルフは、ベートーヴェンの交響曲第2番を引き合いに出しているが、交響曲第3番「エロイカ」と比べたならば、もっと説得力のあるものになったのではなかろうか。ブラームスの交響曲第3番は、ベートーヴェンの「エロイカ」の「亜流」であった。そして、それを思い知っていたのは、ブラームス自身だったのである。

ブラームスは、交響曲第2番からこの交響曲第3番を作曲するまでの六年間に、イタリアに三回旅行している。解説書には、「イタリア旅行の影響も大きく作用して、旋律を大きく歌わせる傾向がはっきりあらわれてきた。」とある。ブラームスにおけるイタリアの問題は、いずれもっと深く考えなければならないであろう。

ブラームスというと、よくフランスの作家、フランソワーズ・サガンの『ブラームスはお好き』（一九五九年）が連想されることが多い。この原作をもとに映画「さよならをもう一度」（一九六一年）が作られ、この映画の中で、この交響曲第3番の第3楽章が使われたことで、この交響曲第3番は有名になった。しかし、これはブラームスにとって不幸なことであった。ブラームスの持っている感傷性が、この第3楽章には通俗的に出ているのだが（これが、イタリアの影響が悪くでてしまった例かもしれない）、それがブラームスのイメージとして広まってしまったからである。

ガイリンガーは、「この交響曲の名声は、従来ブラームスの作品に対して少しも興味を示さなかったフランスにまで広がった。」と書いている。作曲されてからほぼ八〇年後にこの交響曲の第3楽章が、フランスの作家の小説を原作とした映画に使われて有名になったのは、偶然ではないのであろう。

ホルスト・シュタイン指揮バンベルク交響楽団の演奏は、この感傷性を余り感じさせないもので好感を持てる。このドイツ男は、バンベルクにあるドイツ的な交響楽団によって、交響曲第3番のイタリア的なものを最小限にしているように思われる。

いずれにせよ、ブラームスの四曲の交響曲の中では、今後も聴くことはあまりないであろう作品である。

追記

この第3番を、ハンス・クナッパーツブッシュ指揮、ベルリン・フィルの演奏で聴く。旧ソ連のメロディア初期盤（一九四四年九月）。

センチメンタルなものなど一切振り切ったような指揮をする鬼才、クナッパーツブッシュにかかると、この曲の通俗性も吹っ飛んでしまう。戦争末期の一九四四年という時期も関係あるのかも知れない。

8月6日

交響曲第4番　ホ短調　作品98

一八八五年
五十二歳

「仰瞻」（内村鑑三）

フルトヴェングラー指揮、ベルリン・フィル（一九四八年十月）の演奏で聴く。

このブラームス最後の交響曲は、第3番が初演された一八八三年の翌年から作曲にとりかかり、一八八五年に完成され、その年の十月二十五日にマイニンゲンにて、ブラームス自身の指揮によって初演された。

第3番で、ベートーヴェンとの落差を実感し（それは、時代の落差でもあることをブラームスは思い知っていたに違いない）、ヴァーグナー派の批判を浴びたブラームスは、ここでバッハまで戻ることで、ヴァーグナー派との対立に決着をつけ、同時に自身のアイデンティティーを確立しようとしたのである。

ベートーヴェンから出発しているということであれば、ヴァーグナーもベートーヴェンから出発しているのであり、その出発の仕方が、ブラームスとヴァーグナーは、逆向きだったにすぎない。

ブラームスは、この交響曲第4番の第4楽章を、パッサカリア（シャコンヌ）にした。そして、そのパッサカリアの主題は、バッハのカンタータ第150番《主よ、私は仰ぎのぞむ》の終末合唱のシャコンヌ主題と酷似しているという。

交響曲第4番の第1楽章の第1主題は、これぞブラームスというものである。この「休符をおいて、嘆息し、切々と訴えるような第1主題」（解説書）が、いつも頭の中で鳴っていると私に語った老人がいた。彼は、若い頃から作家になりたくて、いろいろ作品を書いたがなかなか認められなくて、ついに無名の老人になってしまったという男であった。明るく振舞ってはいたが、時々何か屈託があるように感じられるところがあった。そういう人間に、このブラームスの下降する悲哀の旋律は、心に沁みて来るのであろう。彼とも音信が途絶えてしまった。

交響曲第3番で、ベートーヴェンの高みにぶつかってとても及ばないことを思い知ったブラームスは、次の交響曲第4番を、この下降する旋律で始めたのである。悲哀と諦念の音楽である。丸山眞男は、晩年のブラームスの「孤独感、孤愁の想いがあの交響曲《シンフォニー》にはこめられているんですね。だから、あの出だし、第一ヴァイオリンのH《ハー》は溜息《ためいき》なんですよ。」と語った（『丸山眞男　音楽の対話』）。

しかし、第1楽章もこの悲哀を乗り越えるかのように激しい音楽になるところが、ブラームスが単なる悲哀の人ではないことのあらわれである。ブラームスの偉大さは、第4楽章で、その崩れ落ちそうな精神を、古典的な形式を堅く取ることで乗り越えたことである。そして、その形式を堅く取ることは、決して干からびたものにはならず、かえってブラームスの精神を生き生きと躍動させるものとなった。ブラームスが、変奏曲の大家であり、パッサカリアという形式はそれを充分に活かせるものだったからである。

ブラームスのパッサカリアの主題が、バッハのカンタータ第150番《主よ、私は仰ぎのぞむ》を思わせるものであることは、最近になって意識したが、今、私の机の上に、内村鑑三の「仰瞻」の書のコピーを入れた写真立てがある。その下の説明には、「我は下を見ない、上を見る、地を視ない、天を仰ぐ、我は星を視る者である、我国は天に在る、我は我救主イエスキリストの其処《そこ》より降り臨るを待つ（腓立比《フィリピ》書三章二〇節）。」という内村鑑三の「希望の生涯」からの文章が引かれている。私は、古稀を迎えるにあたって、墓所を定めた。墓石には、この内村鑑三の「仰瞻」の字を刻んだ。そして、その下に、私の字で「Look up」と入れた。やがて、その字の下で眠るつもりである。

第4楽章は、アレグロ・エネルジーコ・エ・パッショナートであり、情熱的に結ばれるが、このエネルギーやパッションも、ただ力強いものと感じ取ってはなるまい。第1楽章の下降する心を乗り越えたのは、ただの単なる元気や情熱ではなかった。これには、「主よ、私は仰ぎのぞむ」という心があったのである。エネルギーは、ベルクソンのいう「精神的エネルギー」の意味で考えなければならないし、パッションも熱情の意味だけではなく、「キリストの受難」というもう一つの意味も含めなくてはならないであろう。ガイリンガーは、「この楽章はクレッチュマーがこの交響曲の見事な分析でいっているように、〈人間が永遠なるものに向かって膝を屈するところの〉領域へと導いてゆく。」と書いている。

交響曲第3番ではなく、この交響曲第4番が、ブラームスの「エロイカ」といっていいのではないか。ベートーヴェンが、「苦悩を通して歓喜へ」だとすれば、ブラームスは、「悲哀を通して覚悟へ」であろう。

ブラームスの曲の中で、何が好きですかという私の問いに、この六月に六十歳の定年で会社を退職した友人からの葉書の末尾には、次のように書かれていた。「ブラームスは、年に一度くらい、雨の日に4番を聴きたくなります。」巧まずして、一行の詩になっている。彼は、六十五歳までの再雇用の道を選ばなかった。何か生きづらさを感じていたのであろう。彼の人生には、「雨の日」が少なくなかったのであろう。そういえば、ヴァイオリン・ソナタ第1番は、「雨のソナタ」と呼ばれる。ブラームスには、人間の悲しみというよりも、人生の悲しみがある。この二つは、似ているようで、微妙に違う。人間が生きて来たことへの想いがもたらす悲しみである。彼も、時折り「悲哀」の底を打って、「覚悟」を新たにする必要がある精神の持ち主なのに違いない。

追記

1 カルロス・クライバー指揮、ウィーン・フィルの演奏（一九八〇年三月）で聴く。

この交響曲が、ウィーン・フィルの演奏であったが、余り成功とは言えなかった。再演されたのは、やっと十一年後の一八九七年三月七日で、ブラームスが死ぬ（一八九七年四月三日）少し前だった。これも、同じくハンス・リヒター指揮のウィーン・フィルの演奏だった。ブラームスは、病気でやつれた身体で無理をして出かけ、楽員と聴衆から熱烈な拍手を受けた。これが、ブラームスが自分の作品を演奏会で聴く最後の機会となった。

このクライバー指揮の演奏は、この交響曲にこのように縁の深いウィーン・フィルの演奏によるものであり、代表的な名演と言っていいであろう。

それにしても、このCDのジャケットのクライバーの顔写真は印象的である。このジャケットには、白黒でクライバーの顔が大きく映っているだけなのである。背景には何もない。そして、クライバーは、目線を少し下に落として、口をしっかり結んでいる。機嫌の悪そうな、というより憂鬱そうな顔である。こんな顔写真を採用したのは、デザイナーなのかクライバー自身なのかは分からないが、珍しいと言わざるをえない。

クライバー自身は、スター指揮者であり、現代では稀なカリスマ性を持った指揮者ですらあった。ハンス・クナッパーツブッシュ指揮のヴァーグナーの「パルジファル」が空前絶後の名演だったように、カルロス・クライバー指揮の「ばらの騎士」は、伝説的な名演である。

だから、このスター指揮者、クライバーのオルフェオ盤のCDは、ベートーヴェンの4番、6番、7番とも、情熱的な指揮姿がジャケットになっている。ドイツ・グラモフォン盤のベートーヴェンの5番のCDの写真も、白黒ではあるが、横から撮った指揮姿である。

そういう風に見て来ると、このブラームスの4番のジャケットは、異例なのである。しかし、よく見ると、すばらしいデザインだと思えてくる。

ブラームスが五十二歳のときに作曲した4番を指揮しているとき、五十歳のクライバーは、何か老年の深い憂鬱を既に感じ取っていたのかも知れない。晩年のクライバーには、スター指揮者であることに嫌気がさしたような言動があったように記憶している。このクライバーの暗い顔を見ながら、この4番を聴くと、この交響曲が心にさらに深く染み込んで来るようである。

今日は、丁度雨の日であった。

2　セルジュ・チェリビダッケ指揮、ベルリン・フィルの演奏（一九四五年十一月十八日）で聴く。
ベルリン陥落は、一九四五年五月一日であり、ドイツの降伏は五月八日である。その廃墟のベルリンでの演奏である。ドイツの瓦礫の中で、ブラームスの第4番が流れたのは、歴史的な情景である。ベートーヴェンの交響曲ではふさわしくないであろう。やはり、ブラームス、それも第4番であろう。この交響曲は、滅びと滅びぬものの音楽だからである。

3　ホルスト・シュタイン指揮、バンベルク交響楽団の演奏（一九九七年九月）で聴く。

このドイツ的な指揮者とドイツ的な交響楽団の組み合わせによる重厚な演奏を聴くと、ドビュッシーが「フランスの音楽家」と署名したように、ブラームスは、「ドイツの作曲家」と自覚していたに違いない。

ブラームスと同じ北ドイツのハンブルク出身の劇作家・詩人・小説家のフリードリヒ・ヘッベルは、人間ブラームスについて「荒波に打たれても揺るがない、強大で堅固な花崗岩の塊」と言った。この交響曲の終楽章のパッサカリアにおける三〇回もの変奏は、そういうブラームスの「塊」のような精神の発現である。

4　エフゲニー・ムラヴィンスキー指揮、レニングラード・フィルの演奏（一九七三年四月）で聴く。

これは、名演といっていいのではないか。このロシア人の演奏には、「寒さ」がある。その「寒さ」は、この曲には相応しいように思える。ブラームスが、北ドイツ人であったことを改めて思い起させる。

5　二〇二二年十二月二十五日、日本近代史家の渡辺京二氏が、老衰により九十二歳で亡くなった。渡辺氏とは、一度対談したことがある。二〇一一年一月二十七日のことである。今から思えば、東日本大震災の直前だった。タイトルは、「独学者の歴史叙述」であったが、氏ほど「独学者」の名にふさわしい人はいなかった。

『義のアウトサイダー』(二〇一八年十一月)の中には、名著『逝きし世の面影』を中心に論じた「ノスタルジーと無縁の『苦さ』」を収録した。「義のアウトサイダー」の一人として位置づけたものである。

実は、『産経新聞』の「正論」欄の二〇二三年の元日掲載の文章に渡辺氏の文章を引用した。その校了は、十二月の二十三日だった。それが、二十五日の夕方、氏の逝去を知って驚いた。氏には著作が多いが、その全部を読んだと思う。同時代に生きていて、そういう人は他にいなかった。敬愛する先達だった。

氏の死を知って、悲しみのうちに聴こうと思ったのは、ブラームスの交響曲第4番だった。ベートーヴェンではなかった。朝比奈隆のお別れの会では、朝比奈自身の希望でベートーヴェンの交響曲第7番の第2楽章が演奏された。しかし、渡辺氏には、ブラームスがふさわしい。最後まで元気で活力のある思索をされたが、氏は、長い人生を通してずっと、何か大いなる悲しみの中にあったように私には思われるからである。

8月7日

セレナード第1番　ニ長調　作品11

一八五七年
二十四歳

ガリー・ベルティーニ指揮、ウィーン交響楽団の演奏（一九八二年五月）で聴く。

ブラームスは、セレナードを二曲残しているが、二十四歳から二十六歳くらいの作曲である。ブラームスの、いわば若書きの作品ということになるが、感銘の薄い音楽である。デトモルトの宮廷で仕事をしていた時代であり、このセレナードという形式もそこから生まれたのであろうが、そもそもセレナードという形式は、ブラームスには向いていない。

セレナード第2番も入っているこのCDは、輸入盤である。ブラームスのセレナードなど、ほとんど聴く機会はない。こういう曲があることもこのCDを買うまで私は知らなかった。そして、聴いてみたが、ブラームスらしさがほとんど感じられない曲であった。今回、改めて聴いたが、その感想は変わらなかった。

8月8日

セレナード第2番　イ長調　作品16

一八五九年
二十六歳

同じくガリー・ベルティーニ指揮、ウィーン交響楽団の演奏で聴く。

第1番と同様に感銘は薄い。二曲のセレナードは、管弦楽曲を作曲するための練習には役に立ったのかもしれないが、内発的な感動から生まれた音楽ではないことは、ちょっと聴いただけで分かる。「楽興」に乏しいのである。

8月9日

ハイドンの主題による変奏曲　作品56ａ

一八七三年
四十歳

「ハイドンの主題は、古い巡礼の歌だ」（ガイリンガー）

フルトヴェングラー指揮、ベルリン・フィルの演奏（一九五〇年六月）で聴く。

セレナードの二曲という凡作を聴いた後に、この変奏曲（「変奏曲史上不滅の傑作」解説書）を聴くと、ブラームスにとって、変奏曲という形式が如何に決定的なものであったかが改めて分かる。

この曲は、昔から好きで、フルトヴェングラー指揮、ベルリン・フィルの演奏で聴いた。ブラームスの交響曲第1番とこの曲が入っているCDで聴いたが、交響曲第1番が終わった後、この変奏曲が続いて鳴るのは、とてもよかった。この二曲が、それぞれいいだけではなく、お互いを引き立てているように感じられるからである。

この八つの変奏と終曲から成るハイドン変奏曲は、変奏曲というものがそもそも大変好きな私にとって、多彩な変化と深い歌によって見事な変奏曲と受けとめられてきたが、今回、解説書を読んで、このハイドンの主題が、「コラール聖アントーニ」というものであったことを知って、何故この曲がこれほどまでに心を打つのかが分かったような気がした。確かに、この主題は解説書に書かれているように、「讃美歌ふうであり、また付点リズムをもっていていくらか行進曲ふうでもある。」ガイリンガーによると、この主題は、「古い巡礼の歌」だという。巡礼の人々が歌って歩く曲だから、「付点リズムをもっていていくらか行進曲ふう」なのである。

私は、コラールが心底好きである。このハイドン変奏曲も、巡礼の歌を基底に持っているから、深い宗教性も感じさせる。解説書には「ブラームスは、一八七二年秋にウィーンの楽友協会の芸術監督に就任した。ただし、ブラームスは、それ以前から楽友協会と関係をもっていたが、この監督就任を契機として、楽友協会のポールと急速に親密になったもののようである。そしてポールは、すでに一八七〇年に、自分で作成したディヴェルティメント第6番（あるいはその一部）をブラームスにみせたところ、ブラームスは、その第2楽章の主題に大きな興味を抱き、それ以来一八七三年夏まで、これによる変奏曲の構想をあたためていたわけだった。」とある。「自分で作成した」というのは、当時ハイドンの作と思われていたディヴェルティメントの総譜をフェルディナント・ポールが作成して所有していたことを指す。

ブラームスが、「大きな興味を抱」いたのは、このハイドンの主題が、コラールであり、巡礼の歌だったからではないか。というのは、ブラームスは、恐らく人生は巡礼であるという感覚を精神の底に持っていたからである。

巡礼といえば、私は、巡礼者が身につけたバッジのレプリカを持っている。今は、机の上に置いてあるが、二〇二〇年三月に大学を退職するまでは、一六年の間カバンにつけていた。

これは、二〇〇三年の秋から二〇〇四年の三月までの半年間、英国の中世の古都、カンタベリーに滞在したとき、ロンドンのヴィクトリア&アルバート博物館で開かれていた「ゴシック展」で買ったものだ。巡礼者たちが、目印として身につけたものらしく、アルファベットごとに作られている。私は、新保なので、Sの字のものを選んだ。帰国後、これをカバンにつけて、鎌倉から山梨県まで、片道三時間くらいかけて通勤していた。巡礼者のつもりであった。というのは、人生は巡礼であるという感覚を、カンタベリー滞在の半年間で覚えたからである。カンタベリーには、大聖堂があり、チョーサーの『カンタベリー物語』で知られるように巡礼の街である。

追記

1　二〇二一年十二月発売の『ひらく』という雑誌が「日本近代の思想」を特集したとき、私は、「河上徹太郎の主題による変奏曲」という題の批評文を寄稿した。河上の「明治以来のわが文化の混乱、知識人の不幸は、正統を持たないことにある。」という文章を主題として、五つの変奏と終曲からなる形式で書いた。こんな形式に挑戦したのも、ブラームスのこの変奏曲が頭にあったからである。そして、この曲を聴きながら、書きあげたのであった。

2　カール・シューリヒト指揮、南西ドイツ放送交響楽団の演奏（一九六二年九月）で聴く。フルトヴェングラーの重厚な演奏と違って、明快なシューリヒトの演奏もいい。シューリヒトは、やはり速い。フルトヴェングラーが二〇分くらいなのに対して、シューリヒトは一八分、二分も短いのである。

この演奏を聴くと、重厚さよりも、ブラームスの変奏の才能がいかに冴えわたっているかが伝わってきて、小気味いいものがある。

8月10日

悲劇的序曲　作品81

一八八〇年
四十七歳

「この悲劇的序曲は、悲劇的ではない」（ガイリンガー）

カール・シューリヒト指揮、バイエルン放送交響楽団の演奏（一九六一年九月）で聴く。

ブラームスは、ベートーヴェンの「エグモント序曲」や「コリオラン序曲」に大きな敬意を抱いていたし、「悲劇的序曲」を作曲するにあたって、この二つの序曲を意識していたであろう。交響曲第1番を作曲するにあたって、巨人（ベートーヴェン）が背後から行進してくるのを聞くと、とても交響曲を書く気にはならないと語ったブラームスは、この序曲の作曲に際しても、同じような気持ちであったかもしれない。

ここでも、ブラームスは、ベートーヴェンには及ばないと感じたであろう。悲劇的序曲にはならず、悲哀的序曲になってしまったからである。ブラームスは、悲劇的人間ではなかった（それは、ブラームスの時代がすでにベートーヴェンの時代のような悲劇的な時代ではなくなったことと通じている）。ブラームスは、「悲哀」の人であった。

ガイリンガーは、「それのメロディーの疑いもない高貴さと壮大さにも拘《かかわ》らず、また形式の美しさにも拘らず、この作曲は霊感を欠いているように見える。それの一般的な効果は真剣で、悲しく、色彩を欠いているが、ニ短調協奏曲の冒頭あるいはハ短調交響曲よりは、比較にならぬほど悲劇的ではないのである。」と書いている。「悲劇的ではない」「悲劇的序曲」ということになってしまったのである。

ピアノ協奏曲第1番　ニ短調　作品15

一八五八年
二十五歳

「トーンをこしらえることじゃないかなあ。」（小林秀雄）

サー・クリフォード・カーゾンのピアノ、ジョージ・セル指揮、ロンドン交響楽団の演奏（一九六二年五月）で聴く。

ブラームスが二十五歳のときに完成された協奏曲。青年ブラームスの作品であり、ブラームスの青春の歌である。第1楽章マエストーソは、青春のマエストーソであり、第2楽章アダージョは、青春のアダージョである。この二十五歳の時の曲に、ブラームスの「トーン」は、はっきりあらわれている。

小林秀雄、中村光夫、福田恆存の鼎談「文学と人生」（昭和三十八年）に、次のようなやりとりがある。

中村　小林さん、いろいろ文章を見ていて、文学者に一番大切なことというか、本質的なことって何んだと思いますか。

小林　トーンをこしらえることじゃないかなあ。

中村　そうだね。

そして、先の方では、ベートーヴェンの初期の弦楽四重奏曲全六曲（作品18）のことを出して、ドストエフスキイも初期の作品からついに『罪と罰』以降の傑作に達したことを語っている。

小林　ベートーヴェンの作品十八、彼のトーンはあそこでもう決定しているだろう。あんなに真似ばかりしていて。ドストエフスキイだって文学青年としてさんざん真似していたんだから。それがああいうふうになっちまう。面白いことだな。

文学青年ならぬ音楽青年、ブラームスは、この作品15のピアノ協奏曲第1番で、自分の「トーンをこしらえ」たのである。

このカーゾンのCDには、このピアノ協奏曲第1番の後に、間奏曲変ホ長調作品117の1と間奏曲ハ長調作品119の3が入っている。CDの余白に、短い曲を入れたということかもしれないが、ピアノ協奏曲第1番の後に、つづけてこの間奏曲を聴くというのは感動的な経験である。

第3楽章のロンド（アレグロ・ノン・トロッポ）が、力強くニ長調で結ばれた後、その青春の高揚の余韻の中にいるとき、間奏曲変ホ長調が静かに聴こえてくる。ブラームス、五十九歳の作品である。間奏曲の中でも特に感銘の深い曲だ。ピアノ協奏曲第1番が、四〇分くらいかかる大曲なのに比べて、こちらは五分ほどの曲である。作品117は、三曲からなるが、これをブラームスは、「自分の苦悩の子守歌」といった。

ピアノ協奏曲第1番から間奏曲へ、この間にブラームスの三四年間の人生があったのである。青年から老年への道程をブラームスほどくっきりと描いてみせた音楽家はいないであろう。

作品117の1の間奏曲を聴くと、北原白秋の詩「落葉松」を思い出すこともある。

追記

レイフ・オヴェ・アンスネスのピアノ、サイモン・ラトル指揮、バーミンガム市交響楽団の演奏（一九九七年九月）で聴く。

アンスネスは、このとき二十七歳である。北欧ノルウェーの人、アンスネスには、霊感とは言わないまでも、自然との深い共感がある。二〇〇一年九月のリサイタルを聴きに行って以来、このピアニストを注目している。ノルウェーのグリーグの「抒情小曲集」のCDも愛聴盤だ。私は、北方の精神の人間で、北欧にはとても心惹かれる。フィンランドのシベリウスについては、一冊の本を書いたくらいである。

北ドイツ人、ブラームスの二十五歳のときの音楽が、この北欧の同年代の青年によって、清冽に演奏されている。ブラームスとグリーグは、親しみを感じる間柄だった。ウィトゲンシュタインが、ノルウェーのフィヨルドの崖に、小屋を建てて住んだことを思い出す。

第2楽章アダージョを聴いていると、シベリウスがもしピアノ協奏曲を書いたなら（実際には、シベリウスはピアノ協奏曲を一曲も書かなかったが）、こういうものになったかもしれないと、ふと思う。

このCDには、ピアノ協奏曲第1番の後に、「3つの間奏曲」作品117（こちらは、一九九八年六月の録音）が入っている。このとき、二十八歳のアンスネスは、やはり晩年のブラームスの音楽にはまだ達していないように感じられる。この間奏曲などの晩年の作品は、青年アンスネスには、まだ難しいのである。これらの作品は、やはり老年のゼルキン、あるいは若くても老年に通じたグールド（グールドが、間奏曲集の録音をしたのはアンスネスと同じくまだ二十八歳であった）のようなピアニストによってようやく弾かれるのであろう。

8月12日

ピアノ協奏曲第2番　変ロ長調　作品83

一八八一年
四十八歳

「第2番は、第1番とは違った響きのものであるべきだ」（ブラームス）

ルドルフ・ゼルキンのピアノ、ジョージ・セル指揮、クリーヴランド管弦楽団の演奏（一九六六年一月）で聴く。

ブラームスの交響曲第1番は、ベートーヴェンの九曲の交響曲の後の、交響曲第10番と呼ばれたが、このピアノ協奏曲第2番という傑作は、ベートーヴェンの五曲のピアノ協奏曲の後の、ピアノ協奏曲第6番と言ってもいいのではないか。ピアノ協奏曲第1番は、そこまで達しなかった。第1楽章のホルンのソロの第1主題、第3楽章のチェロの独奏の旋律。これこそ、ブラームスである。「第2番は、第1番とは違った響きのものであるべきだ」とブラームスは、ヨアヒムに語っているが、このホロンやチェロの「響き」は、第2番の「花」である。低音の深さ、渋さが、地味とか暗さに陥ることなく、落ち着いた重厚さに達している。

北ドイツ生まれのブラームスが、初めてイタリア旅行をしたことが影響しているとされるが、確かに、北の人間にとってイタリアは或る転機を与えるものかもしれない。私も、本籍が北海道の江差町だったこともあり、北の人間である。その私が、五十八歳のとき、イタリアのヴェネツィアに半年間滞在したことは、私の中の何かを変えたように感じている。

第3楽章のアンダンテ、これを聴いていると、人間が人間であることだけから生まれる悲哀というものが感じられて来る。特に何があるということでもない、何か不幸なことに陥っている訳でもない。ただ人間として生きていることから生まれて来る悲しみ、これを「物のあはれ」というのかもしれない。

解説書には、「ピアノのパートの草稿は断片だけのこっていて、作家のシュテファン・ツヴァイクが所有していたが、のちにロンドンのブリティッシュ・ライブラリーに移管された。」とある。ツヴァイクが、ブラームスの断片を持っていたとは！　これは、感動的なエピソードである。ツヴァイクの『歴史の決定的瞬間』（原題『人類の星の時間』の抄訳）は、感銘深く読んだ記憶がある。人類の歴史の中には、歴史の意味を明らかにする瞬間があるというツヴァイクの考えは、私が『信時潔』を書いたとき、その「海ゆかば」という曲を、近代日本の歴史の意味を象徴する音楽としてとりあげるにあたってヒントとなったものであった。

このツヴァイクというユダヤ系の作家は、一八八一年にウィーンで生まれ、一九四二年に亡命先で自殺したが、一八八九年生まれ（八歳年下ということになる）の哲学者、ウィトゲンシュタインを連想させる。ウィトゲンシュタインも、ウィーン生まれのユダヤ人であった。共に裕福な家庭に育ち、ヨーロッパ文化の精華を身につけた人物であった。ブラームスが死んだとき、ツヴァイクは、十六歳であり、ウィトゲンシュタインは、八歳であった訳である。ウィトゲンシュタインは、ブラームスで音楽は終わったと考えていた。このような歴史観は、ヨーロッパ文化の行く末に絶望したツヴァイクも同じだったのではないか。そのツヴァイクが、ブラームスの断片を持っていたのである。ヨーロッパ文化の栄光の残影の「断片」として捉えていたのに違いない。

このCDにも、ピアノ協奏曲第2番の後に、「4つの小品」(作品119)が入っている。ピアノ協奏曲第2番の第4楽章がはなやかにしめくくられた後、作品119の1のロ短調の間奏曲が鳴り出す。

一八九三年五月七日のブラームスの誕生日(六十歳の還暦である)の挨拶としてブラームスは、クララ・シューマンにこの小品を贈ったが、この曲について、ブラームスは、「非常に孤独であり、極めてゆっくり演奏するという指示も十分のことを伝えていません。各音符と各小節は、あたかもリタルダンドのように、ちょうど各音符から孤独感をひき出すかのように、響かなければならないのです」と述べている。それに対して、クララは、「不協和に満ちた魅力的な小品で、極めて悲しげであり甘い」と書いた。また、クララは、この曲を「灰色の真珠――曇っているが非常に貴重である」と評した。

ピアノ協奏曲第2番は、一八八一年、四十八歳のときに完成した。そして、その十二年後には、この「灰色の真珠」となった。ブラームスは、晩年における創作とは何かということを特に深く考えさせる芸術家である。

追記

このピアノ協奏曲第2番を聴きながら、思い出したことがある。もう四〇年くらい昔のことになるが、調査関係の職場にいたことがある。調査部門であったから、学者肌の人間が多かった。時に、部屋の中では、「知的な」雑談が交わされることがあったが、その中に一人、大のクラシック音楽のファンがいて、私もいろいろ演奏家などについて教えてもらったものであった。

或る日、何人かが集まって、自分の好きなクラシック音楽は何かをそれぞれ述べ合っていたことがある。ベートーヴェンやモーツァルトの曲などがいろいろ挙げられたが、中にプーランクが好きだなどとちょっと唸らせる発言をした若い人もいた。そのとき、普段そういう会話に入ってきたことのめったにない女性が、私は、ブラームスのピアノ協奏曲第2番ね、と言ったのである。この女性は、あの頃もう五十代の後半だったか。定年も近いという感じだった。特に、役職に就いていたわけではなく、どちらかというと職場でも不遇だったかもしれない。

三十歳くらいだった私から見ると、随分老けていたし、いつも地味な服装で化粧もしていなかったように思う。確か、夫は、何処かの役所に勤務している人だというようなことを聞いたことがある。その人間からもその生活の風情からも、何ら喜びや輝きを感じられなかった。当時、読んでいたチェーホフの小説に出てきそうな人物であった。そのような悲哀があった。そういえば、その部屋には、チェーホフの小説に登場するような人物は、今思い返すと、他に三人はいた。

このピアノ協奏曲第2番について、ノインツィヒは、「この変ロ長調の『ピアノ協奏曲第二番』と、その二年後に出版された『交響曲第三番へ長調』は、均整のとれた形式という意味で、ブラームスの作品の中で双璧を成している。両者は、彼の《古典主義》の作品であると言ってもよい。この二曲の音楽は、《芸術家があらゆる激情を捨て去った》場合にのみ達成し得るであろう完璧さを備えている。」と書いている。

このピアノ協奏曲第2番は、ブラームスがもう「激情を捨て去った」境地で作られたものなのである。あの初老の女性も、実は青春に「激情」があったのかも知れない。そして、それが過ぎ去った悲哀をこの曲に聴いていたのか。あるいは（もっと、ありそうなことだと思われるが）、人生で「激情」を発揮することが一度もなかったことを悔いていたのか。そして、このまま人生が推移していくであろうという諦念の中にあったのかも知れない。

8月13日

ヴァイオリン協奏曲　ニ長調　作品77

一八七八年
四十五歳

「僕はヴィトーという人は好きなんですよ、とても好きなんです。」（小林秀雄）

ジョコンダ・デ・ヴィートのヴァイオリン、フルトヴェングラー指揮、トリノ放送交響楽団の演奏（一九五二年）で聴く。

デ・ヴィート（小林は、ヴィトーと言っている）は、ブラームスを得意としたといわれるが、確かにこのフルトヴェングラーと入れたライヴは、すばらしい。繊細だが、弱々しくない。内に強靱な力が漲っている。ブラームスを地味に弾くのはよくないのであろう。底光りしなくてはならない。このデ・ヴィートの演奏を聴くとそういうことがつくづく思われて来る。

交響曲第2番の翌年、同じペルチャッハで作曲された。同じニ長調である。ペルチャッハはニ長調の風光なのであろう。

第2楽章アダージョは、ブラームスの音楽の中の最上のものの一つであろう。解説書には、「まず管だけのゆるやかな部分で始まる。ブラームス愛好者を無上に喜ばせるところである。オーボエが管の合奏のなかで、優美な牧歌ふうの、しかし一抹の北国的な寂しさをもった旋律をだす。つづいて、こんどは、独奏ヴァイオリンがこの旋律を装飾して美しくやわらかく奏する。」と説明されている。そして、エールマンが「ヴァイオリンのみに特有なコロラトゥーラのアリアであり、悲劇のプリマ・ドンナのあらゆる情熱に発展しうる部分」と評したことが紹介されている。

大ヴァイオリニストのサラサーテが、親しい友人に次のように語ったのは、有名な話である。「ブラームスの協奏曲自体がいい音楽であることを私は否定はしない。だが、君は、アダージョでオーボエが全曲での唯一の旋律を聴衆に奏し聴かせているのを、私がステージでヴァイオリンを手にしてぼんやりと立って聴いているほど私が無趣味だと思うかね？」

「ツィゴイネルワイゼン」の作曲家であるサラサーテは、「無趣味」どころではあるまい。彼は、このオーボエの旋律を「ステージでヴァイオリンを手にして」聴いていたら、その感動に没入する余り、ヴァイオリンを弾き出すのを忘れてしまうことを恐れたのかもしれないのである。

また、このアダージョは、「物のあはれ」の音楽として最高の一つである。本居宣長は、耳の人である。眼の人ではない。宣長の書斎、鈴屋の名のいわれについて、村岡典嗣の『本居宣長』の中に次のように書かれている。「その鈴屋と称せられた故は、床の柱から糸を机の傍へわたし、その糸に、かねて愛玩した鈴を掛けて、仕事に倦んだ折は、その糸をひき鈴をならして慰んだからである。」そして、そこの注に宣長自身の文章を引いている。「鈴屋とは、三十六の小鈴を赤き緒にぬきたれて、柱などにかけおきて、物むづかしき折々、引なしてそれが音を聞けば、こゝちもすが〳〵しくおもほゆ。その鈴の歌は、『とこのへにわがかけて、古へしぬぶ鈴かねの、さやさや』かくて此屋の名にもおもせつかし」。

小林秀雄が、『本居宣長』を書いているとき、ブラームスをよく聴いていたという話を、私は、ブラームスは変奏曲の大家であるから、本居宣長についての批評を変奏曲のように書いているという風にとらえていたが、このブラームスのアダージョが、「物のあはれ」の極致だとすると、小林秀雄は、ブラームスに本居宣長の「物のあはれ」を聴き取っていたということかもしれない。

第3楽章は、アレグロ・ジョコーソ、マ・ノン・トロッポ・ヴィヴァーチェである。ジョコーソ（楽しげに）は、イタリアの影響であろう。このヴァイオリン協奏曲は、イタリアの旅行の直後のものである。

ジョコーソといえば、交響曲第4番の第3楽章が、アレグロ・ジョコーソである。このジョコーソというのは、北国の人間であるブラームスの南国イタリアへの憧れから生まれたものであろう。フランスのラテン人、ビゼーのオペラ「カルメン」の前奏曲は、ジョコーソである。ドイツのゲルマン人、ブラームスは、ニーチェと同様にビゼーのジョコーソに感動したであろうが、ビゼーのジョコーソとは違ったものになったのは或る意味で当然である。青空のような明るさはない。ハンガリーのジプシー風の色彩を持っているが、ジプシーの音楽がその底に悲哀を秘めているように、含蓄のあるジョコーソである。

このヴァイオリン協奏曲で、気になることは、イタリアのヴァイオリニストで作曲家のヴィオッティのことである。ブラームスは、ヴィオッティのヴァイオリン協奏曲第22番イ短調を異様なほどに愛した。解説書には、「ハノーファーにヨアヒムを訪ねたブラームスは、ヨアヒムと毎晩のように、しかもひと晩に二回も三回もこの曲を演奏し、その都度『世の中にこんな曲があったのか』と感心していたとヨアヒムは伝えている。」とある。異様なほどと、私が書いたのは、このヴィオッティの曲が、私にはそれほどのものとは思われなかったからである。そもそもヴィオッティという音楽家の名を私は、知らなかった。このヨアヒムの言葉を知って、ヴィオッティのこの曲や他のヴァイオリン協奏曲を何遍も聴いてみたし、ヴィオッティの伝記も読んでみた。しかし、ブラームスが、ここまで感心するほどの曲とはどうしても思えなかった。北ドイツ人、ブラームスのイタリアに対する思いというものは、かくまで深いものなのかもしれない。ベートーヴェンは、一回もイタリアに行っていないが、ブラームスは何と八回も旅している。

小林秀雄は、メーテルリンクの原作にドビュッシーが曲を付けたオペラ「ペレアスとメリザンド」に触れた文章の中で、ドビュッシーが、ヴィヨンやマラルメやヴェルレーヌの詩に作曲したことに触れて、彼等の詩を「あんなに愛した人間が、どうしてこんな説教芝居に心を躍らせたか。こんな愚問が、ふと思ひ浮ぶその事が、そのまゝ、ドビュッシーの天才を證する。恐らく彼は、天才らしく間違へたのである。」と小林らしいことを書いている。それに倣うならば、恐らくブラームスは、天才らしく間違えたのである。

しかし、あえて想像するならば、ブラームスは、ヴァイオリン協奏曲を書くにあたって、ベートーヴェンのヴァイオリン協奏曲という「巨人の作品」の亜流になることから脱却するために、梃子としてこのイタリア的なるものを必要としたのかも知れない。ブラームスに悪意のある連中は、ブラームスの音楽について、「彼のザワークラウト（塩漬けキャベツ）が、ときにオリンポスの神々の食物のようにおいしくいただけるのは、イタリアのおかげだ」と言ったという。

ただ、ヴィオッティについて付け加えるとすれば、CDの一枚にヴァイオリン協奏曲第20番ニ長調とヴァイオリンとピアノのための二重協奏曲第3番イ長調と一緒にヴァイオリンとオーケストラのための瞑想曲が入っているものがあるが、この瞑想曲は、傑作である。これだけは何回も聴いた。その清澄な祈りに打たれる。

追記

ジネット・ヌヴー（一九一九年生まれ、一九四九年死去）のヴァイオリン、ハンス・シュミット＝イッセルシュテット指揮、北ドイツ放送交響楽団の演奏（一九四八年五月三日のライヴ）で聴く。

この三十歳で飛行機事故により死んだフランスの天才ヴァイオリニストは、何故かドイツ人ブラームスを得意としていた。死の前年のブラームスの故郷ハンブルクでの演奏のライヴ盤は、名演中の名演と言われている。今回、初めて聴いて驚いた。昔から、何遍聴いたか分からないこのヴァイオリン協奏曲が、初めて聴くようであった。何という生き生きとした演奏か！　余り神がかった表現は使いたくないのだが、しかし、このときのヌヴーの上には聖霊が降臨しているという感じがしてしまう。これほど霊感を感じさせる演奏を聴いた記憶は、実に稀である。このライヴ録音は、過去の録音ではなく、今、地上のどこかのホールで演奏されているのをラジオ放送で聴いているような気がする（彼女は、今、生きている！）。

一九四七年の十一月に、シャルル・ミュンシュ指揮のニューヨーク・フィルとこのブラームスの協奏曲を演奏したとき、「白衣の尼僧にも似た舞台姿」と評されたというが、確かに音楽の「尼僧」には、音楽の神が降臨している。

この驚異的な演奏を聴くと、ユーディ・メニューインを思い出した。一九二九年四月十二日、間もなく十三歳の誕生日を迎えるメニューインは、ベルリンでブルーノ・ワルター指揮による、バッハ（ホ短調）、ベートーヴェン、ブラームスのヴァイオリン協奏曲の夕べに出演した。これを聴いた物理学者のアインシュタインは、「今、天には神ありということが分かった」と興奮して叫んだという。神童、メニューインらしい逸話である。

私は、この天才少女としてデビューしたヌヴーの二十九歳のときの演奏を聴いて、「今、天には神ありということが分かった」と叫びたくなった。何という生命感のあふれる音であろう。ブラームスのヴァイオリン協奏曲を渋いものと思い込んではいけないのがよく分かる。これは、事件としての演奏と言っていい。ブラームスの故郷で行ったこと、ヌヴーの死の一年半前の演奏であったこと、ヌヴーの得意としたブラームスであったこと、これらは、この演奏が事件になる要因であった。

何よりも、ヌヴーの死の一年半前というのが大きい。

もし、ブラームスがこの演奏を聴いたら、何と思ったであろうか。ヨアヒムの再来と思ったか（ヌヴーは、ヨアヒムのカデンツァを弾いている）、あるいは自分はこんなすごい曲を書いたのかと驚いたかも知れない。

そして、このヴァイオリニストが事故死をしたということを知ったならば、ブラームスは彼の愛読書であった旧約聖書の「伝道之書」の一節を思い浮べたことであろう。「夫《それ》智者も愚者も均《ひと》しく永く世に記念《おぼえ》らるゝことなし　来らん世にいたれば皆早く既に忘らるゝなり　嗚呼《ああ》智者の愚者とおなじく死ぬるは是如何なる事ぞや　是に於て我《われ》世にながらふることを厭《いと》へり　凡《およ》そ日の下に為《な》すところの事は我に悪《あし》く見《みゆ》ればなり　即ち皆空にして風を捕ふるがごとし」（第二章一六、一七節）。

このフランス人が、ドイツ人ブラームスを得意としていたことは注目されるが、ドイツ人でもベートーヴェンではなかった。何故、ベートーヴェンではなく、ブラームスだったのか。そもそも、ヌヴーが十六歳でデビューしたときの曲目は、ブラームスの協奏曲であった。ベートーヴェンよりもブラームスの音楽に宿命的な共感を懐いていたに違いないヌヴーが早死にしたことには、やはり何かがあるような感じがする。ベートーヴェンよりもブラームスの方に死の影が深いということであろうか。

ヴァイオリンとチェロのための協奏曲　イ短調　作品102

一八八七年
五十四歳

「あああ大きな落日が見たい」（梶井基次郎）

ジョコンダ・デ・ヴィートのヴァイオリン、アマデオ・バルドヴィーノのチェロ、ルドルフ・シュワルツ指揮、フィルハーモニア管弦楽団の演奏（一九五二年）で聴く。

四十三歳のときに作曲した交響曲第2番の第1楽章について、クレッチュマーは、「沈みゆく太陽が崇高でにごりのない光を投げかけている楽しい風景」と形容した。

五十四歳のときのこの作品になると、特に第2楽章のアンダンテには、「沈みゆく太陽が崇高で翳《かげ》った光を投げかけている悲しい風景」が思い浮かんで来る。

「あああ大きな落日が見たい」、この梶井基次郎の「冬の日」の主人公の嘆息が口をついて出た。「あああ」ではない、「あああ」である。この嘆息は、そこまで深いのである。

「冬の日」には、この嘆息の後、次のように書かれている。

青く澄み透つた空では浮雲が次から次へ美しく燃えていつた。みたされない堯《たかし》の心の燠《おき》にも、やがてその火は燃えうつつた。

「こんな美しいときが、なぜこんなに短いのだらう」

彼はそんなときほどはかない気のすることはなかつた。燃えた雲はまたつぎつぎに死灰になりはじめた。彼の足はもう進まなかつた。

この翳りは、第3楽章の最後、終止感が高まった頂点で、一小節ばかり、ティンパニのトレモロだけになるところに極まる。この一小節をティンパニだけにするという奇抜な発想は、ブラームスの底知れない空虚感から来ているように思われる。

8月15日

弦楽六重奏曲第1番　変ロ長調　作品18

一八六〇年
二十七歳

「肉は悲し、あゝ、我は全ての書を読みぬ」(ステファヌ・マラルメ)

ベルリン・フィル八重奏団員の演奏(一九六六年一月)で聴く。

第2楽章アンダンテ・マ・モデラートがいい。変奏曲形式である。主題と六つの変奏から成る。やはりブラームスは、変奏曲がすばらしい。

この二十七歳(一八六〇年)のときの作品は、ブラームスにおける「肉は悲し、あゝ、我は全ての書を読みぬ」(ステファヌ・マラルメ)であろう。ブラームスは、一八三三年に生まれ、一八九七年に死去。マラルメは、一八四二年に生まれ、一八九八年に死去。改めて二人は、国は違うが同時代人であったことを思う。マラルメのこの一行で始まる「海の微風」という絶唱は、一八六六年、二十四歳のときが初出である。共に十九世紀後半のヨーロッパに生きたのである。ブラームスも、この頃既に「肉は悲し、あゝ、我は全ての音楽を聴きぬ」と言ったことであろう。

CDの解説によれば、この第2楽章は、ルイ・マル監督の映画「恋人たち」(一九五八年)の中に使われて有名になったという。ルイ・マルという名前が出て来て、懐かしさにこの第2楽章を繰返し聴いた。「恋人たち」という映画は見たことがないが、ルイ・マルは、私にとってその映画「鬼火」(一九六三年)によって忘れがたい映画監督なのである。

私は、三十歳とき、『鬼火―文学』と題した最初の本を自費出版した。これは、私が、二十二、三歳の頃に書いたものをまとめた本である。ほぼ同じ分量の二つの部分から成っていて、前半が散文詩、後半が批評文(対象は、北村透谷、国木田独歩、岩野泡鳴、斎藤緑雨)であった。批評文の方は、『文藝評論』(一九九一年)に収めた。散文詩の方は長くそのままになっていたが、二〇一六年の九月に『散文詩集　鬼火』として上梓した。

この「鬼火」というタイトルは、ルイ・マルの映画から付けた。日本では一九七七年に公開されたこの映画は、或る意味で私の宿命的な映画だった。観たのは、確か、千石にあった三百人劇場だったと思う。ルイ・マルは、一九五七年、「死刑台のエレベーター」で衝撃的なデビューを飾った鬼才である。「鬼火」は、彼の長篇第五作であった。この映画は、エリック・サティのピアノ曲を効果的に使っていて、サティの音楽がよく知られるきっかけになった映画であった。「死刑台のエレベーター」では、マイルス・デイヴィスを使い、「恋人たち」では、ブラームスである。ルイ・マルは、音楽のセンスがとてもよかったのであろう。

この映画のプログラムを、私は今でも大事にとってあるが、それには映画評論家の白井佳夫が、「ルイ・マルにとっての『鬼火』という文章を書いている。副題は、「生きている男の作った死んでいく男の映画」である。主人公アランは三十歳で自殺するが、制作当時ルイ・マルは同じ三十歳であったからである。『鬼火―文学』を、三十歳になったとき自費出版したのは、私なりの「生きている男」としての思いがあったからだ。

『散文詩集　鬼火』を三三年ぶりに出したとき、私は六十三歳であったが、内村鑑三が同じ六十三歳になって、三十三歳のときに刊行した実質的な処女作『基督信徒のなぐさめ』が改めて出版されるに際して付した序文「回顧三十年」が思い出された。その文章の末尾は、「余はまた茲《ここ》にエベネゼル（助けの石）を立て、サムエルと共に之に記して曰ふ『ヱホバ茲まで我を助け給へり』と（撒母耳《サムエル》前書七章十二節）。」というものであった。

『散文詩集　鬼火』には、「回顧四十年」という「あとがき」を書いた。これは、内村鑑三の「回顧三十年」にならったものであったが、それは、再刊にあたって四〇年前の散文詩集を読み返して、これらを書いた頃の青春に思いを馳せたとき、六十三歳の私も心の底から、「神茲まで我を助け給へり」との声が湧き上がって来るのを禁じ得なかったからだ。

この「あとがき」を書いたとき、ルイ・マルは一九九五年に丁度六十三歳で死んでいたことを知った。しかし、私は、六十三歳でこの『散文詩集　鬼火』というもう一つの「エベネゼル（助けの石）を立て」て、生きて来た。やがて、ブラームスについての本を出すとき、また私はそれを一つの「エベネゼル（助けの石）」として立てて、「神茲まで我を助け給へり」というであろう。

8月16日

弦楽六重奏曲第2番　ト長調　作品36

一八六五年
三十二歳

ベルリン・フィル八重奏団員の演奏（一九六八年十月）で聴く。

これは、何回聴いても感銘の薄い曲であった。

第2楽章、スケルツォ　アレグロ・ノン・トロッポについて、解説書には「憂愁な味を持ち、ブラームス研究家によると後年の『間奏曲』を予知させるものとされている。」とあるが、この「ブラームス研究家」とは、果たして誰なのだろう。「間奏曲」の深さを十分に感じ取っていないのではないか。

第3楽章は、変奏曲形式。解説書には、「おそらくブラームスの全変奏曲のうちでもっともこみいったものの一つであろう。」とあるが、変奏曲の大家、ブラームスでさえ、いつも傑作が書けたわけではないということであろう。「こみいった」のは、うまく書けなかったということにすぎまい。

弦楽五重奏曲第1番　ヘ長調　作品88

一八八二年
四十九歳

「花は散りその色となくながむればむなしき空に春雨ぞ降る」（式子内親王）

ベルリン・フィル八重奏団員の演奏（一九七〇年十二月）で聴く。

解説書によれば、ブラームスは、この曲に「絶大な誇りを抱いていた」らしい。出版商のジムロックに向って「私にこんなに美しい作品があるとは知らなかっただろう」と語り、一八九〇年のクラへの手紙では、「私の最もすてきな作品の一つ」と書いている。

この曲の草稿の第1楽章の終わりと曲の最後には、ブラームスの筆跡で「一八八二年春」と書き込まれているという。

友人のビルロートは、クララ・シューマンに、この曲の印象について、各楽章は春に作られたものだけにみな春の雰囲気を持っていると伝えている。確かに、「春に作られたものだけに春の雰囲気を持っている」としても、ブラームスにかかると、明るい陽気な春という感じではない。春愁の音楽となっているように思われる。

この「美しい」「すてきな作品」の第2楽章を聴いていると、新古今和歌集の巻第二「春歌下」の中の一首、式子内親王の歌が思い浮かんで来る。春の愁いという「物のあはれ」を感じるからである。


花は散りその色となくながむればむなしき空に春雨ぞ降る

8月18日

弦楽五重奏曲第2番　ト長調　作品111

一八九〇年
五十七歳

ベルリン・フィル八重奏団員の演奏（一九七〇年十二月）で聴く。

解説書には、「この曲は、晩年のブラームスが精力を使いはたして書きあげたものとみてよい。じっさいこの作品を完成してから、自分の創作力が尽きはてたと考え、もう大曲を作曲するまいと決心し、これまでの未完成のものを完成したり、できあがっているものを改訂したりなどの、あまり創作的努力の必要としない仕事をした。そのうえ、死も予感し、遺言状までも書いた。もっともそのとき、ブラームスは、まだ五十七歳だった。」とある。

そして、解説書では、つづけて「それにもかかわらず、この曲には、そういう心境の作曲家が書いたとは思えないくらいの男性的な強さ、元気旺盛な情熱、新鮮な創意があふれている。まったくこの曲は、ブラームスが内面的な霊感なしには一行でも作曲すべきではないという、年来の主張にもとづいて行動したことを立証する。」と書かれているが、私には、全くそう感じられなかった。

この「内面的な霊感」があまり感じられない曲を、二回ほど聴いて、もう聴くのをやめた。「自分の創作力が尽きはてたと考え」たのは、「この作品を完成してから」ではなく、この作品を作曲している最中であったであろう。

そもそも、ブラームスにとって、弦楽五重奏曲という形式（ヴィオラがもう一本ある）はあまり内面の必要性が薄かったように思われる。モーツァルトの弦楽五重奏曲全五曲は傑作であり、モーツァルトにとって、ヴィオラがもう一本あることは必要であった。シューベルトの弦楽五重奏曲の場合は、ヴィオラではなく、チェロがもう一本あることで、シューベルトの最も深い音が湧き上がって来た。

ブラームスにとって、ヴィオラがもう一本あることは喫緊の問題ではなかった。ブラームスは、ヴァイオリン、ヴィオラ、チェロがみんな二本ずつある弦楽六重奏曲が、その安定感からいって相応しかったように思われる。モーツァルトもシューベルトも、弦楽四重奏曲という完璧な形式から、

「かぶく」ことで危険な美を創造している。ブラームスは、「かぶく」人ではない。あるいは、「かぶく」人ではあったが、「かぶく」ことを避け、弦楽四重奏曲よりもさらに安定感のある弦楽六重奏曲に自分らしい形式を見出したのである。弦楽六重奏曲第1番が、ブラームスらしい傑作である所以である。

8月19日

ピアノ五重奏曲　ヘ短調　作品34

一八六四年
三十一歳

ルドルフ・ゼルキンのピアノ、ブッシュ弦楽四重奏団の演奏（一九三八年）で聴く。

この三十歳頃の作品は、五十七歳のときの弦楽五重奏曲第2番とは違って、「内面的な霊感」に満ちた曲である。

また、このブッシュ、ゼルキンの演奏は、一九三八年のものだが、名演である。ブッシュとゼルキンが、ナチス政権との確執の末、アメリカに渡ったのが、一九四〇年（ブッシュ）と一九三九年（ゼルキン）。良きヨーロッパ文化が消えようとする直前の演奏である。ブラームスの音楽の何か本質的なものが、まだ伝わっていたのである。

この曲は、特に若い頃は好きだったので、ゼルキンのピアノ、ブダペスト弦楽四重奏団の演奏（一九六三年十一月）、マウリツィオ・ポリーニのピアノ、イタリア四重奏団の演奏（一九七九年一月）のCDも持っているが、戦前のブッシュの演奏には鳴っている何か或るものが、戦後の演奏には聴こえないように感じられる。

また、イタリア人ポリーニとイタリアの弦楽四重奏団の「明快」な演奏の方は、戦後ということだけではなく、ブラームスの音楽の魅力が、何か「晦渋」なものに根差していることを改めて思わせる。

第2楽章について、解説書には「柔和で抒情的で、シューベルト風でもある。」と書かれているが、シューベルトの方は、湧き出ずる泉のように滾々《こんこん》と旋律は生み出されていくが、ブラームスの方は、振り絞るようである。豊かさはない、振り絞ってやっと出て来る。しかし、そのやっと出て来る抒情の切なさは、無類である。

8月20日

二台のピアノのためのソナタ　ヘ短調　作品34b

一八六四年
三十一歳

「私のカンヴァスは両手を握り合わせた事になる。ぐらつかない。上にも下にも行き過ぎない。真実であり、充実している。」（セザンヌ）

エマニュエル・アックス、イェフィム・ブロンフマンによる演奏（二〇〇五年）で聴く。

ピアノ五重奏曲ヘ短調作品34の元になった作品である。このピアノ五重奏曲について、解説書には、「このブラームスの曲は、ブラームス的な重厚さ、若々しい情熱、緻密な構成をみせ、なかでも動機の活用と主要旋律の関連の点では特筆されていい。」と書かれている。この「緻密な構成」が、四つの弦楽器がなくなることで、この「二台のピアノ版」では、ますますくっきりと浮かび上がっているように感じられる。この「緻密な構成」とか「動機の活用」とかを考えると、セザンヌの言葉が思い出される。

小林秀雄の『近代絵画』の中の白眉であるセザンヌを扱った章で、次のように引用されている。

ギャスケの「セザンヌ」のなかに、セザンヌが、モチフといふ言葉をどういふ意味で使つてゐたかに就いて、当人の談話が記されてゐるので引用する。

或る日、セザンヌはギャスケの前で、モチフを摑んだと言つて両手を握り合はせた。モチフとは、つまり、これだ、と言ふ。ギャスケが腑に落ちぬ顔をしてゐると、セザンヌは、両手を離し、両手の指を拡げて見せ、又、これを、静かに、静かに近付けて、握り合はせ、一本一本の指を、しつかり組み合わせた。さういふ動作を繰返しながら、彼は、こんな風に説明したさうだ、――「かういふ具合にモチフを捕へる。かうならなくてはいけないのだ。上に出し過ぎても、下に出し過ぎても、何も彼もめちやめちやになる。少しでも繫ぎが緩んだり、隙間が出来たりすれば、感動も、光も、真理も逃げて了ふだらう。解るかね。私は、自分のカンヴァスを同時に進行させる。何処も彼処も一緒に進行させる。ばらばらになつてゐるものを、取り集めて、凡て、同じ精神の中に、同じ信念の中に、ぶち込むのだ。私達の見るものは、皆ちりぢりになる。消えて行く。さうではないか。自然は常に同じだ。併し、何一つ残りはしない。眼に這入つて来るものは何一つ残りはしない。自然はその様々な要素とその変化する外観とともに持続してゐる。その持続を輝かすこと、これがわれわれの芸だ。人々に、自然を永遠に味はわせなければならぬ。その下に何があるか。何もないかも知れない。或は何も彼もあるかも知れない。解るかね。こんな具合に、私は、迷つてゐる両手を組み合わす。私は、左から、右から、此処から、彼処から、何処からでも、色調や色彩や影を持つて来る、そしてこいつを固定する。一緒にする。すると、線が出来る。物になる。岩になる。樹になる。さうしようと考へてゐるわけではないのだがね。そいつ等が、自ら量感を装ふ、明度を手に入れる。さういふ私のカンヴァスの上の、量感とか明度とかが、私の眼前にある面とか色の斑点とかに照応するなら、しめたものだ。私のカンヴァスは両手を握り合わせた事になる。ぐらつかない。上にも下にも行き過ぎない。真実であり、充実している。だが、もし、少しでも気が散つたり、気が弱くなつたり、特に、或る日写し過ぎたと思へば、今日は昨日と反対な理論に引きずられたり、描き乍ら考へ込んだり、要するに私といふものが干渉すると、凡ては台無しになつて了ふ。何故だらう」

セザンヌの書簡にも、又、いろいろな人によつて伝えられたセザンヌの警句や理論のなかにも、私の読んだ限り、こんな面白い言葉はないと思つた。かういふ言葉は、彼の言葉を読んでゐるといふより、彼の絵を見てゐる様な感じがする。

私には、ブラームスの音楽を聴いている様な感じがする。ブラームスが、「私の音楽は両手を握り合わせた事になる。ぐらつかない。上にも下にも行き過ぎない。真実であり、充実している。」と語ったとしても少しもおかしくはない。改めて思うと、ブラームスは、一八三三年生まれ、一八九七年死去。セザンヌは、一八三九年生まれ、一九〇六年死去。同時代人であったのだ。セザンヌも、ブラームスと同じく、内村鑑三のいう「人類の最善」が「言尽くされた」「第十九世紀」を代表する芸術家といえる。カール・E・ショースキーに『世紀末ウィーン』という名著があるが、ブラームスも晩年は、「世紀末ウィーン」に生きていたことを思う。世上、「ぐらつかない」ものはなかった。しかし、ブラームスもセザンヌも「固定する」意志の人であった。

『世紀末ウィーン』の目次を見てみるならば、I政治と心情――シュニッツラーとホフマンスタール　IIリングシュトラーセ――その批判者と近代的都市計画の生誕　III新調子の政治――オーストリアのトリオ　IVフロイトの『夢判断』における政治と父殺し　Vグスタフ・クリムト――絵画と自由自我の危機　VI庭園の変容　VII庭園の爆発――ココシュカとシェーンベルク、である。

絵画では、クリムトとココシュカであり、音楽では、シェーンベルクである。そういう十九世紀とは断絶した傾向が、もうすぐやって来ようとしていた。セザンヌにとって、クリムトとココシュカの絵など耐えられるものではない。ブラームスにとって、シェーンベルクの音楽など音楽ですらなかったであろう。ウィトゲンシュタインは、ブラームスより後の音楽に耐えられなかったが、セザンヌより後の絵画にも耐えられなかったと思われる。小林秀雄は、間違いなくそうだったに違いない。確かに小林に『ゴッホの手紙』という著作はあるが、あくまで関心の核は「手紙」である。

画廊主の吉井長三が、死の直前の小林秀雄とセザンヌの「森」という絵をめぐって次のように書きのこしている。

昨年（一九八二年）の十二月二十七日、フランスから着いたばかりのセザンヌの「森」を持って小林秀雄先生をお見舞した。横になっておられる枕元に絵を掲げると、首をゆっくりと回され、画面をみつめられた。あまりじっとしておられるので、苦しくありませんか、と声をかけたが全く反応がない。絵を見るときの先生は、周囲の物音が聞こえなくなってしまうようであった。

その日は絵を置いて帰った。翌日からは、寝室、居間、食堂と、どこへ行っても見えるところに絵を掛け、食事の間も見ておられたそうである。「まるで、小林の魂が吸いとられるのではないかと思えるほど、この絵ばかり見ていました」と、あとで奥様からうかがった。絵を持ち帰ったあと、「セザンヌはどこだ、どこへ行った」と訊ねられ、奥様は困られたらしい。白樺美術館に展示されるとわかると「ああ、そうか」と、やっと機嫌が良くなられたという。

小林の死は、翌一九八三年の三月一日である。これも小林の多くの逸話らしい或る異常さを感じさせるものである。それくらい、小林秀雄にとってはセザンヌが最も深くその精神に食い入った画家であった。吉井は「長く絵を見たあと、ふっと言葉をもらされることも多かった。セザンヌの『麦藁帽子の少女』の時は『まるで音楽のようだ、いいなあ』であった。」と書いているが、この「音楽」は、もうモーツァルトではなく、ブラームスだったのではないか。ブラームスとセザンヌには、親近性があるように思われるからである。小林秀雄は、このセザンヌの章の中に、「モネの絵は揺れ動く。一瞬の印象を定着しようとして、彼は、光の推移を表して了つた。徹底したリアリズムの道を歩かうとして、『小鳥の様に歌つて了つた』、さういふ意味では、モネの絵は音楽的だ。或は抒情的と言つてもいいかも知れない。併し、彼の絵を前にして、シンフォニイや室内楽を想ふことは出来ない。印象派の影響下に描かれたセザンヌの初期の静物にしろ風景にしろ、視覚上の不安定を示してゐるものはない。平俗な意味で音楽を想はせる様なものはない。静物は、意識的に構成された室内楽の様に鳴つてゐるのである。」と書いているが、このセザンヌの絵に鳴っている「意識的に構成された室内楽」には、ブラームスのものが一番合っているように思われる。

小林秀雄が、昭和三十五、六年頃、NHKラジオの教育放送の企画「音楽炉辺談話シリーズ」に出演したときのテープを聞いたことがある。小林はブラームスについて、最も純粋な音だけで、よけいな音などなく、音楽が出来上っているという。そう語った後で、鳴り出したのは、ブラームスの「弦楽四重奏曲第2番イ短調」という「室内楽」であった。

シューベルトの「抒情的」な音楽は、モネの絵のように「歌って」いると言えるかも知れない。しかし、ブラームスの音楽は、「意識的に構成され」ているのである。小林のセザンヌの章には、『セザンヌは、セザール・フランクの弟子である。いつも古風な大オルガンを鳴らしてゐる』といふ何処かで読んだゴーガンの言葉を思ひ出した。」という刺激的なゴーガンの言葉の引用がある。天才ゴーガンの直観に満ちた言葉を少し訂正するならば、セザンヌはブラームスの同伴者である。いつも意識的に構成された室内楽を鳴らしているということになるだろう。

そのような「意識的に構成された」音楽の究極的な達成が、「ヘンデルの主題による変奏曲とフーガ」に他ならないのである。ガイリンガーは、次のように絶賛している。

ブラームスは一八六一年に書かれた《ヘンデルの主題による変奏曲とフーガ》作品二十四において、変奏曲形式を完全に自分のものとした。この作品では、以前の作品の中で追求された変奏曲のすべての原則が、初めて一つに結び合わされている。二十五の変奏曲の大部分のものにおいて、主題の和声的構造と周期的構造は周到に保存されており、一方、当然の顧慮が旋律に払われている。彼がこの作品で示した想像力の富と技術的な練達は、ほかならぬ巨匠自身が自分に課した厳格な制限の故に、彼のピアノのための作曲の中で、この作品に対して特別な地位を与えているのである。個々の変奏曲の論理的なつながり、それらの固い有機的な凝集力、作品の深い精神的な活力、あるいはピアノ音楽としてのそれの純技術的な効果性、それらのいずれのものがより大きな賞賛に値するかは、言うのが困難である。

ここに使われている「自分に課した厳格な制限」「固い有機的な凝集力」「深い精神的な活力」が、「握り合わせた手」である。ガイリンガーは、「規則への厳格な固執と最大の自由」とが「奇蹟的に均衡を保っている」とも言っている。中世末期は、「規則への厳格な固執」が、不健全なものになっていったかも知れない。そして、近代は、それから「自由」になろうとした。しかし、二十世紀以降の現代は、その「自由」が肥大化し、無秩序へと転落していった。「規則」と「自由」の均衡は失われたのだ。今や、再び「規則への厳格な固執」こそが、「自由」を「最大」（肥大化ではなく）にするという逆説が、深く理解される時代にならなければならないのではないか。

十九世紀的なものが終わって以降、握り合わせた手が失われた。手は広げられ、指は新奇なものを求めて伸びて動いた。美術史家の前川誠郎が二十世紀について、「そこでは美術でも音楽でも嘗てなかった大きな変革が次々と起こり、人々は当惑しながら対応に追われた。抽象絵画とか無調性音楽とか、それを具現化していく芸術家本人以外には理解も共感も難しい無数の動向が、激しい消長を繰り返しながら現われてはまた消えていった。評論がこの世紀ほど重要視されたことはないが、その多くは言葉を弄ぶだけの百家争鳴に終わった。」と書いたことを思い出そう。今や、再び手を握り合わせなければなるまい。そして、これから求められる真の詩情は、「意識的に構成されて」いる「緻密な構成」から滲み出て来るものでなければならない。

8月21日

クラリネット五重奏曲　ロ短調　作品115

一八九一年
五十八歳

「哲学者のウィトゲンシュタインは、特にクラリネットに優れた天分を示した」
（『世界の名著』の解説）

レジナルド・ケルのクラリネット、ブッシュ弦楽四重奏団の演奏（一九三七年）で聴く。

これこそ、ブラームス以外の誰も決して書けない傑作である。「物のあはれ」の究極の音楽と言ってもいい。

若い頃、モーツァルトのクラリネット五重奏曲とブラームスのクラリネット五重奏曲がカップリングされたレコードを買ったことがある。モーツァルトの方を聴くために買ったのだが、裏面に入っているブラームスの方も名曲だとは知っていた。

モーツァルトのクラリネット五重奏曲は、やはり美しい音楽であった。しかし、モーツァルトの後に聴いてみたブラームスの方は、青年には耐えられないわびしさで、その後繰り返して聴くことはなかった。そして、今回、ブラームスを聴き直すまで、ほとんど聴かないで過ごしてしまった。

しかし、この曲を聴くのに、こんなにふさわしい状況になるとは！　私の晩年に、そして人類史の末期に、このブラームスの傑作は、気持ちにぴったりし過ぎるくらいに聴こえて来たことである。モーツァルトのものは天上の歌であり、ブラームスのものは地上の歌である。前者は、神からの声であり、後者は人間の声である。「モーツァルトやベートーヴェンは神々だが、私は人間だ」と言ったブラームス自身がよく分かっていたのである。モーツァルトのクラリネット五重奏曲は、一七八九年作曲、ブラームスのものは、一八九一年作曲。ほとんど百年が経っている。この一世紀の間に、ヨーロッパの文化がどのように変化したかが典型的にあらわれている。

小林秀雄が、作家の全集を読む意義を語った文章の中で、「小暗い処で、顔は定かにわからぬが、手はしつかりと握つたといふ具合の解り方」と書いたことを、『ベートーヴェン　一曲一生』の中で触れた。ベートーヴェンのほぼ全曲を聴くことで、それに近い感じはあったが、「手はしつかりと握つた」というまでの親しみは、ベートーヴェンの場合、畏れ多くて持てなかった。しかし、私は、この「手はしつかりと握つた」という懐かしさを、ブラームスには感じる。特に、このクラリネット五重奏曲を聴いていると、ブラームスが通いつめたというウィーンのレストラン「赤いはりねずみ」のテーブルで、ブラームスと差し向かいでワインを飲み交わしたいという思いが湧いて来る。ブラームスは、その願いをきいてくれるように思う。

弦楽五重奏曲第２番のところで書いたように、ブラームスは、一八九〇年秋にこの作品１１１をやっとの思いで完成した。霊感の枯渇を自覚し、遺言状を書こうという気にさえなった。

ところが、翌年の一八九一年三月に、縁の深いマイニンゲンの公爵の宮廷を訪問した際に、その宮廷楽団のクラリネット奏者のリヒャルト・ミュールフェルトに会った。ミュールフェルトのすばらしい演奏を聴いて、ブラームスは、無力感を脱して作曲に対して新しい情熱が生まれるのを感じたという。そして、クラリネットを加えた室内楽曲を生涯ではじめて書くこととなった。それも四曲である。五重奏曲、三重奏曲、二曲のソナタである。

クラリネットの音で、ブラームスの中の何かが覚醒したのである。これまで十分に表現されて来なかった歌が、クラリネットの音という最も適したものに出会い、開花した。それが、創造力の衰えた人間に起きたということが感動的である。ブラームスのような真直ぐの道を真面目に歩きつづけた人間だからこそ、こういう精神的事件はやってきたのであろう。

このブラームスの晩年のエピソードが、私の心を打つのは、やはり晩年に差し掛かりかつてのひらめきが稀になってきたのを感じているからであろう。果たして、私の耳に私にとってのクラリネットの音はやって来るであろうか。それが来るとしたら、そのクラリネットの音とは何であろうか。

このブラームスのクラリネットの音による覚醒は、批評についての考察に導くものがある。ブラームスは、もちろんクラリネットを昔から知っていた。交響曲では、当然使っている。それが、クラリネットが名演奏家によって改めて美しく鳴ったとき、出会いがあった。全く新しいものと出会ったのではない。ここにポイントの一つがあるかも知れない。「新奇なものを探し求めるな。今までやって来たもの、触れたことのあるものの中から、ふと新しい音で鳴るものが出て来るはずだ。それをとらえて、批評の対象とせよ。」ということである。

もう一つ、このブラームスのクラリネットとの邂逅については、忘れてはならない点がある。それは、ブラームスがクラリネットによって霊感が復活したにせよ、四曲しか書けなかったことである。ブラームスとしては、もっと書きたかったであろう。しかし、霊感は、これで尽きた。「晩年に霊感が再びやって来たとき、その霊感は貴重なものとして扱わなければならない。だから、批評の対象を間違えるな。」ということである。

ブリュイールは、「クラリネットのための諸作品は、『4つの厳粛な歌』より以前に書かれた彼の白鳥の歌の一つとなった。」と書いているが、人間にとって「白鳥の歌」を歌えることほどの栄光はあるであろうか。

8月22日

弦楽四重奏曲第1番　ハ短調　作品51の1

一八七三年
四十歳

ブッシュ弦楽四重奏団の演奏（一九三三年）で聴く。

この弦楽四重奏曲の第1番を、第2番と共に、やっと四十歳になって発表するまでに、ブラームスは、少なくとも二〇曲以上の弦楽四重奏曲を作曲していたといわれる。それらは、全部破棄してしまった。

交響曲第1番を作曲するのに二〇年以上かかったという話と似たものがある。そこには、ベートーヴェンの大いなる影があったわけである。

交響曲第1番は、ハンス・フォン・ビューローによって交響曲第10番と呼ばれたように、ある意味でベートーヴェンを継承した傑作たり得たが、弦楽四重奏曲の方はそうはいかなかったようである。ヨアヒムが、これを弦楽四重奏曲第17番と呼んだという話はない。

それにしても弦楽四重奏曲という形式は、恐るべき形式である。この形式は、何か或る精神の高みというか秩序というものがなければ近づけないものに違いない。ブラームスも、弦楽四重奏曲は三曲書いただけで止めて、ピアノ五重奏曲、ピアノ四重奏曲とかの形式に活路を見出した。

「モーツァルトやベートーヴェンは神々だが、私は人間だ」とブラームスは言ったが、この弦楽四重奏曲という形式において、そのことは身に沁みて感じられたのかもしれない。小林秀雄は『モオツァルト』の中で（この作品の中に、ブラームスの名前が出てこないことに今、気がついた）、モーツァルトの弦楽四重奏曲のいわゆる「ハイドン・セット」について触れ、「僕はその最初のもの（K.387）を聞くごとに、モオツァルトの円熟した肉体が現れ、血が流れ、彼の真の伝説、彼の黄金伝説は、こゝにはじまるといふ想ひに感動を覚えるのである。」と書いた。「黄金伝説」が鳴るような

「神々」の作品だったのである。ベートーヴェンの弦楽四重奏曲ももちろん「神々」の音楽であった。

8月23日

弦楽四重奏曲第2番　イ長調　作品51の2

一八七三年
四十歳

「私は、もう音は一杯要らないんです」（小林秀雄）

ブッシュ弦楽四重奏団の演奏（一九四七年）で聴く。

この第2番については、思い出すことがある。

小林秀雄が、昭和三十五、六年頃、NHKラジオの教育放送の企画「音楽炉辺談話シリーズ」に出演したときのテープを聴いたことがあって、その中で、小林は主としてブラームスについて語っていたが、「私は、もう音は一杯要らないんです」ととても印象的な発言をしていた。そして、しばらくいろいろ語った後に、ブラームスの弦楽四重奏曲第2番の第1楽章が鳴り出したのである。

確かに、これは「音」など「一杯」ない音楽である。それでいて、十分に「音楽」は鳴っている。

小林がそのとき使っていた言い方でいえば、「最も純粋」な「音」だけで、よけいな「音」などなく、「純粋」な「音楽」ができあがっている。

こういう音楽を聴くと、品格という言葉が思い浮かぶ。音楽における品格といったことを考えるとき、まず頭に浮かぶのはブラームスであろう。中でも、その室内楽は、品格がにじみ出ている。しかし、そもそもクラシック音楽の生命線は、品格なのである。クラシック音楽が現代の大衆社会の中で危機にあるとしたら、それに迎合して品格を喪失することにあるのではないか。

私が持っている『アドルフ・ブッシュの芸術』全二巻（CD一七枚組）には、ブラームスの弦楽四重奏曲第3番は入っていないので、この曲は飛ばすことにする。それにしても、ベートーヴェンとブラームスを比べると、ピアノ・ソナタが三二曲と三曲、ヴァイオリン・ソナタが一〇曲と三曲、チェロ・ソナタが五曲と二曲、交響曲が九曲と四曲、ピアノ協奏曲が五曲と二曲、弦楽四重奏曲が一六曲と三曲である。ブラームスが、ベートーヴェンの後継者といっても、もうこういう古典的な形式では、これだけの数しか作れなかったのである。しかし、これをもってブラームスを軽んずることはできない。ベートーヴェンの偉大さを改めて思うべきであろう。そして、よくぞここまでベートーヴェンに迫ろうとしたものだと讃嘆すべきである。

8月24日

ピアノ四重奏曲第1番　ト短調　作品25

一八六一年
二十八歳

「森の方から突然一人の男が牧草地を通って、私のいる所を目がけて走り寄ってくるではないか」（マックス・カルベック）

イェルク・デムスのピアノ、バリリ弦楽四重奏団員の演奏（一九五六年）で聴く。

このト短調は、「疾走」しない。佇んでいる。ブラームスは、世界の中で佇んでいる人であった。第3楽章は、「物のあはれ」の傑作であり、第4楽章のプレストで、二十八歳の青年ブラームスの何かが爆発している。ブラームスはこの楽章に「ツィゴイナー風のロンド」と自ら記した。解説書には、「ヨアヒムが絶賛した楽章で初演の時に聴衆からもっとも喝采されたもの。」とある。

この曲を聴くと、ベートーヴェンにはピアノ四重奏曲が一曲もないことが納得されるような気がする。ピアノ四重奏曲という形式、あるいは響きは、ブラームスにとても向いているのである。この響きは、ベートーヴェンには必要ないものであったろう。ベートーヴェンの古典主義とブラームスのロマン主義は、微妙な問題だが、このピアノ四重奏曲という形式が向いていたかどうか、これが、ブラームスとベートーヴェンとの違いというものであった。その違いにブラームスのロマン主義がある。

この第3楽章のプレストを聴いていると、ノインツィヒの『ブラームス』の中に引用されていたマックス・カルベックの目撃談を思い出す。

イタリア旅行以外のブラームスの旅と言えば、各地への演奏旅行か、あるいは、夏の間ウィーンを離れ、どこか風光明媚な土地で仕事をするための旅行かの、いずれかに限られていた。彼にとって自然の持つ意味が大きかったことは、まったく疑う余地がなく、彼自身、野外を散歩したり、森や山の中を歩き回ったりするのを好んだ。すでに述べたように、それらは創造のための散策であって、次に引用するマックス・カルベックの目撃談は、そうしたことに間違いなく関連するものである。「私は、のちにイシュルにおいて二、三回、思いがけずブラームスの仕事の様子をそっと窺う機会があった。彼と同じく早起きで自然が大好きな私は、ある七月の暑い早朝のこと、家の外へと出ていった。すると、森の方から突然一人の男が牧草地を通って、私のいる所を目がけて走り寄ってくるではないか。私はその男を農夫だと思った。通行禁止の道に出てしまったのかと私は心配になり、これからいやな目に遭うのではと、あれこれ思案して覚悟を決めていた。するとそのとき、農夫だと思っていた男がブラームスだとわかって、私は胸をなでおろしたものだった。ところが、彼の様子といったらどうだったろう、それに彼の姿といったら！　帽子を脱いだままシャツ一枚になって、ヴェストもカラーも身に着けず、片方の手では帽子が振られ、もう片方の手にあった上着は草の上を引きずっていた。そして彼は、あたかも見えざる追跡者に追われているかのように、先を急いで駆けていたのである。彼が遠くにいたときから、彼のはずんだ息づかいやうめき声が私には聞こえていた。彼が近づいてきたとき、彼の顔に垂れ下がっていた髪の毛からは、ほてった両頰を汗が伝わって幾筋も流れ落ちている様が見えた。彼の目は、虚空を見つめて猛獣の目のように光り輝いていた。彼は何かに憑かれているように思われた。彼は危うく私に接触しかねないほど、矢のように素早く私の傍らを走り過ぎていった。私が恐ろしい思いからわれに返ったのは、その後のことであった……」

小林秀雄の『モオツァルト』の中に「ベエトオヴェンも、仕事に熱中してゐる時には、自ら『ラプトゥス』と呼んでゐた一種の狂気状態に落入った。これはモオツァルトの白痴状態とは、趣きが変つてゐて、怒鳴つたり喚いたりの人騒がせだつたさうである。一人であばれてゐるベエトオヴェンからは、逃げ出せば済んだだらうが、逃げ出すには上機嫌過ぎたモオツァルトになると、これは、ランゲの様な正直な友達にはよほど厄介な事だつたらうと察せられる。」とあるが、ブラームスにも、「ラプトゥス」があったということである。ブラームスは、そういう面を出さなかった人であるし、伝記などにもそのような記述は見られない。このカルベックの目撃談などは、ほとんど唯一のものである。

ブラームスの「ラプトゥス」は、「怒鳴ったり喚いたり」のものではなく、また「白痴状態」のものでもなかった。それは、「農夫」のような、さらには「猛獣」のような原初的なものに根差したものであった。

この「ツィゴイナー風のロンド」に見られるように、ブラームスのジプシー音楽に対する関心の深さは、精神のこの地層から生まれているように思われる。「ハンガリー舞曲」が、ブラームスの代表的な作品の一つである所以もそこにあるであろう。

8月25日

ピアノ四重奏曲第2番　イ長調　作品26

一八六一年
二十八歳

イェルク・デムスのピアノ、バリリ弦楽四重奏団員の演奏（一九五六年）で聴く。

ブラームスに、ピアノ四重奏曲という形式が如何に向いているかを感じさせるが、第1番の方がすぐれていると思う。

8月26日

ピアノ四重奏曲第3番　ハ短調　作品60

一八七五年
四十二歳

「哲学者のウィトゲンシュタインは、立て続けて三回、ブラームスのピアノ四重奏曲第3番を聴いて、自殺を思い止まった」（ヴァレリー・アファナシエフ）

イェルク・デムスのピアノ、バリリ弦楽四重奏団員の演奏（一九五六年）で聴く。

このピアノ四重奏曲第3番については、哲学者のウィトゲンシュタインのエピソードが思い出される。ピアニストのアファナシエフが二〇〇一年の十月に来日した際、コンサートのほとんどに出掛けたばかりでなく、「音楽とは何か」と題された講演も聞きに行った。コンサートの方は、ブラームス特集というべきプログラムで、ブラームスに、特にその晩年の音楽に、アファナシエフは現代と深く相渉っているものを感じているようであった。

その講演の方で、深く印象にのこった話があった。それは、やはりブラームスに関係したものであったが、ウィトゲンシュタインが、立て続けて三回、ブラームスのこのピアノ四重奏曲第3番を聴いて、自殺を思い止まったというものであった。ウィトゲンシュタインについてはその伝記の類をあれこれ読んだが、このエピソードは記憶になかった。しかし、ウィトゲンシュタインは自殺の思いに生涯とらわれていたようであるから（四人の兄のうち、三人までが自殺者であった）、この話は、そういうことも十分あり得ただろうと思わせる。この曲は、「ウェルテル四重奏曲」とも呼ばれることがあり、ブラームスの青春の悲劇を秘めた作品だからである。

ピアノ四重奏曲第3番の完成は、交響曲第1番の前年の一八七五年、ブラームス、四十二歳のときであるが、着手されたのは、一八五四年、二十一歳のときであった。シューマンの自殺未遂とクララへの思慕が、この曲の沈痛さを生み出しているに違いない。

解説書には、一八七五年八月十二日付けのブラームスの出版商ジムロック宛ての書簡が引用されている。「この楽譜の扉に、ピストルを頭に向けている人の姿を書くといいでしょう。すると、音楽についてのひとつの概念を得ることができます。私はこの目的のためにあなたに私の写真を送りましょう。青い燕尾服、黄色のズボンと長靴も使っていいでしょう。というのも、あなたは色刷りがお好きなようだから」。この姿が、ゲーテの『若きウェルテルの悩み』のウェルテルのものであり、ブラームスが、このときウェルテル的危機にあったことを示している。

第1楽章は、苦悩の呻きであり、同じくハ短調の第2楽章のスケルツォは、激情と不安の音楽である。第3楽章のアンダンテは、ホ長調で悲痛の歌であり、第4楽章は、重苦しい情念を振り払うかのように、ハ短調ではあるが生き生きと動き、最後にはハ長調となって、或る救済感がもたらされる。ウィトゲンシュタインは、明るい音楽ではなく、このような苦悩を経て、光に達するような音楽に惹かれたのであろう。事実、この第4楽章には、ベートーヴェンの「運命の動機」に似た動機が何回も現われるが、讃美歌風の旋律もわずかに出て来るのである。

追記

昨年（二〇二二年）の十二月二十五日に、日本近代史家の渡辺京二氏が九十二歳で亡くなった。橋川文三の跡を継ぐ者として渡辺氏の仕事に敬意を懐いてきたが、その死去を知って悲しみの中にあるとき、ふと氏の文章に、ブラームスの名が出ていたことを思い出した。氏の代表作『逝きし世の面影』（平凡社ライブラリー）の「あとがき」に、次のようにブラームスが登場する。

私は北京・大連という異国で育った人間である。そういう私にとって、日本は桜咲く清らかな国であった。大連にも桜は咲く。しかし桜より杏の方が多くて、その青みがかった白い花は桜に先がけて開き、桜に似てはいるもののもっとはかなげで、私の好みはこの方にあった。春の盛りにはライラックが咲き、アカシアの花が匂う。夏はそれこそ群青というほかない濃い青空。秋が立つのは港から吹く風でわかった。冬はぶ厚い雪雲が垂れこめて、世界は沈鬱なブラームスのように底光りする。中学の八級先輩の清岡卓行さんだけでなく、大連は私にとっても故郷だった。

渡辺さんが、クラシック音楽の愛好家だったという話は聞かない。氏の多くの著作の中で、西洋の音楽家の名前が出てくることはほとんどないように思う。となると、ここで他ならぬブラームスの名が書かれていることに感銘を受けざるを得ない。それも、「沈鬱なブラームスのように底光りする」というブラームスの本質を言い当てた表現をしているのである。

ここで、渡辺さんがブラームスの曲の何を思い浮かべているのだろうかということに興味が湧く。私の空想では、「沈鬱なブラームス」ということからすると、ピアノ四重奏曲第3番ハ短調ではないかと思う。渡辺さんは、敗戦後の大連で苦難の生活を経験した。今また、時代は「沈鬱なブラームス」の音楽がふさわしいものになってきた。

私は、渡辺さんと一度対談したことがある（「独学者の歴史叙述」二〇一一年一月）。その中で、この大連の描写をめぐって次のようなやりとりがあった。

新保　しかし先生、この大連の冬の夜について書かれた文章（『逝きし世の面影』平凡社版「あとがき」）には、ブラームスの音楽のような鈍い渋みがあります。

渡辺　あんなのは、ストーリーじゃないですよ。

新保　何を言っているかと言うと、ブラームスというのは、変奏曲の大家なんです。変奏家でいいんです。それだけで大変なことですよ。ブラームスがなぜ今にも残っているかと言えば、変奏の大家だからです。

私は、大連の冬を冬の夜に変奏してしまっていたが、渡辺さんとの十二年前の対談でも、変奏の意義について語っていたとは！

8月27日

ピアノ三重奏曲第1番　ロ長調　作品8

一八九〇年
五十七歳

「ただ憧れを知る者のみが、我が悩みを知る」（ゲーテ、ミニヨンの歌）

ボザール三重奏団の演奏（一九八六年五月）で聴く。

第1楽章の第1主題について、解説書によれば、カルベックは「波の上に虹が架かり、岸には蝶が舞い、夜鶯の声を伴奏とする」ような主題と評したそうだが、この表現がどうあれ、確かにこの主題の美しさには、何かが心の裡から湧き上がって来るようなものがある。第2楽章のトリオの歌も、何ものかへの憧れである。

「モーツァルトやベートーヴェンは神々だが、私は人間だ」とブラームスは言ったが、このブラームスという「人間」は、ただ人間であったわけではなかった。憧れを知る人間だった。「ただ憧れを知る者のみが、我が悩みを知る」とゲーテのミニヨンは歌った。

我々現代の人間は、「ブラームスは憧れを知る人間だが、私は単なる人間にすぎない」と言わなければならなくなっているのではないか。憧れを知らない人間とは、果たして人間の名に値するであろうか。

8月28日

ピアノ三重奏曲第2番　ハ長調　作品87

一八八二年
四十九歳

ボザール三重奏団の演奏（一九八六年五月）で聴く。

これは、何回聴いても感銘の薄い曲であった。

8月29日

ピアノ三重奏曲第3番　ハ短調　作品101

一八八六年
五十三歳

ボザール三重奏団の演奏（一九八六年五月）で聴く。

これも第2番と同じく、感銘は薄い。

8月30日

ホルン三重奏曲　変ホ長調　作品40

一八六五年
三十二歳

「一つの主題が僕の心に流れ出てくるのを覚えました。」（ブラームス）

シゲティのヴァイオリン、ホルショフスキーのピアノ、バロウズのホルンによる演奏（一九六一年十月）で聴く。

ピアノ三重奏曲第2番、第3番と感興の薄い音楽を二日間聴いてきた後に、このホルン三重奏曲を聴くと、その感銘の深さにはただならぬものがある。

ブラームスの数多い室内楽の中で、ホルンを用いたものはこれ一曲しかない。しかし、この一曲だけで十分である。このホルン三重奏曲は、ブラームスの傑作の一つであり、私の「特愛」の曲である。

ピアノ・ソナタや弦楽四重奏曲という形式では、ベートーヴェンに及ぶことができなかったブラームスは、ベートーヴェンが一曲も書かなかったホルン三重奏曲という形式で、ブラームスでしか書けない作品を書いた。

一八六四年にバーデン・バーデンの近くに住んでいたとき、ブラームスは、森や丘を歩きながら、この曲の霊感を得たという。ブラームスが、友人ディートリヒに話した思い出には、「そのとき、僕はバーデンに近いある小道を歩いていました。それも非常に朝早く。すると突然、太陽が樹々の間に顔を出したのです。そうして、この光と共に、一つの主題が僕の心に流れ出てくるのを覚えました。」とある。

第1楽章のアンダンテの第1主題など、憂愁がほとんど肉体化したような深さである。「物のあはれ」の最高の表現といっていいい。第3楽章は、アダージョ・メストである。メストが、初めて出た。ブラームスは、アダージョの憂愁では足りなかったのであろう。メスト（悲しく）と強めたかったと思われるが、それにふさわしい音楽である。

ブリュイールの本には、『ホルンという楽器は、その朝顔の中に小さな弱音器を差し込むと、そばにいても、遠くのこだまのような響きがします』とジャン・パウルは、彼の『生意気盛り』の中で語っている。ここで使われているホルンは、曲全体に森の奥深さを与えようとして、いかばかり遠方から、いかばかり控えめに響いて来ることか！『まことに、深き森の木陰にこそドイツの魂は宿る』、こう語った詩人は正しい。」とある。この遠くのこだまが響いて来る森は、フリードリヒの絵に描かれているような森であろう。

8月31日

ヴァイオリン・ソナタ第1番　ト長調　作品78

一八七九年
四十六歳

「秋の日のギオロンの／ためいきの」（ヴェルレーヌ）

ジョコンダ・デ・ヴィートのヴァイオリン、エドウィン・フィッシャーのピアノによる演奏（一九五四年）で聴く。

ヴァイオリン・ソナタ三曲は、全て好きだが、この第1番は、私が最も愛聴する曲の一つである。「物のあはれ」の音楽だからである。この第1番が作曲されたのも、ペルチャッハであると知ると、ペルチャッハへ行ってみたいという想いは深まる。

ブラームスが、本質的に抒情詩人であることがよく分かる。ブラームスが、オペラを一曲も作曲しなかったのも当然であろう。

この傑作を聴いていると、ヴェルレーヌの詩「秋の歌」を思い出すことがある。それも上田敏の訳「落葉」である。

落葉

秋の日のヰオロンの
ためいきの
身にしみて
ひたぶるにうら悲し

鐘のおとに
胸ふたぎ
色かへて
涙ぐむ
過ぎし日のおもひでや

げにわれは
うらぶれて
ここかしこ
さだめなく
とび散らふ
落葉かな

上田敏は、「仏蘭西の詩はユウゴオに絵画の色を帯び、ルコント・ドゥ・リイルに彫塑の形を具へ、ヴェルレエヌに至りて音楽の声を伝へ、而して又更に陰影の匂なつかしきを捉へむとす。」と書いた。この詩が載ったヴェルレーヌの最初の詩集が出版されたのが、一八六七年、ブラームスのこのヴァイオリン・ソナタが作曲されたのが、一八七八年から七九年である。
ヴァイオリン・ソナタ第1番は、「雨の歌のソナタ」という副題で呼ばれることがある。それは、第3楽章の冒頭の旋律がクラウス・グロートの詩に付曲したブラームスの歌曲「雨の歌」と同じものとなっているからである。しかし、このヴァイオリン・ソナタは、夏の雨の気分を歌ったグロートの詩よりも、ヴェルレーヌの「秋の歌」の感興の中で作曲されたのではないかといっていいほどに秋の「物のあはれ」を感じさせる。第3楽章の冒頭の旋律くらいで、副題を思いついてはよくないだろう。第2楽章には、「ギオロンのためいき」が聴こえるからである。

9月1日

ヴァイオリン・ソナタ第2番　イ長調　作品100

一八八六年
五十三歳

「ああ　秋までに／おさらばしたいな」(戦没学徒、林尹夫)

ジョコンダ・デ・ヴィートのヴァイオリン、ティート・アプレアのピアノによる演奏(一九五六年)で聴く。

この第2番は、解説書には「ブラームスの全作品のなかで、もっとも旋律的なものに属するといわれる」と書かれているが、このブラームスの抒情詩を聴いていると、戦没学徒の手記の中の一節が思い出されることがある。

今夏、私は、『わがいのち月明に燃ゆ——一戦没学徒の手記』を読んだ。「一戦没学徒」とは、林尹《ただ》夫《お》である。林尹夫は、昭和十五年に第三高等学校に入学し、京都帝国大学文学部に進学したが、昭和十八年、学徒出陣により、海軍に入り、海軍航空隊に配属された。そして、敗色濃い昭和二十年七月二十八日、午前二時二十分頃、「月明」の夜に、四国沖で、単機索敵中、敵戦闘機の迎撃を受けて、散華した。二十三歳であった。この手記は、三高時代から死の直前まで書かれたものである。『戦艦大和ノ最期』の著者、吉田満は、「死によって失われたもの——『わがいのち月明に燃ゆ』を読む」の中で、「林尹夫君のすぐれた手記は、われわれの世代が到達した頂点を示してあますところがない。」と書いている。昭和二十年に「美保海軍基地」で書かれた断想に一つには、次のようなものがある。

南九州の制空権
すでに敵の手中にあり
我らが祖国

まさに崩壊せんとす

生をこの国に享けしもの
なんぞ　生命を惜しまん
愚劣なりし日本よ
優柔不断なる日本よ
汝　いかに愚なりとも
我ら　この国の人たる以上
その防衛に　奮起せざるをえず

真摯な思索の果ての決断なのである。しかし、このような「奮起」を語っていた林青年は、手記のほとんど最後の方に、次のような断想を書いている。

夜
夏は真盛り
昨夜　飛行場で
流星がとびかうのを見た

ああ　秋までに
おさらばしたいな

これは、ほとんど抒情詩であり、絶唱といってもいい。中原中也の詩集にあってもいいような気がする。林尹夫は、確かに秋まで生きなかった。この「ああ　秋までに／おさらばしたいな」という嘆息は、このブラームスのヴァイオリン・ソナタ第2番の中に聴こえるように思う。戦没学徒とブラームスを並べることは、あまりに奇矯なことと思われるかもしれない。しかし、第2番の抒情の深さの中で、この連想は決して不自然ではないであろう。五十三歳のブラームスは、もうすでに「ああ　そろそろ　おさらばしたいな」と心で思うことがあったのではないか。

9月2日

ヴァイオリン・ソナタ第3番　ニ短調　作品108

一八八八年
五十五歳

ジョコンダ・デ・ヴィートのヴァイオリン、エドウィン・フィッシャーのピアノによる演奏（一九五四年）で聴く。

ブラームスは、「晩年」の音楽家だといわれることがあるが、この第3番はまさに「晩年」の傑作である。第2楽章のアダージョは、解説書に「名づけられてはいないが、まさに、カヴァティーナである。」と書かれているが、このカヴァティーナは抒情詩人ブラームスの悲歌である。

カヴァティーナといえば、ベートーヴェンの弦楽四重奏曲第13番の第5楽章がカヴァティーナであった。あの抒情の深さが、今遠く思い出される。『ベートーヴェン　一曲一生』の中のこの曲のところで、私は、次のように書いていた。

この第13番も、一回目に聴いたとき、ベートーヴェン自身が会心の作だと言った第5楽章の有名なカヴァティーナに心打たれた。しかし、このアダージョの歌は余りに痛切である。耳ではなく、魂に直接突き刺さって来るようだ。

二回目に聴いているとき、ちょっと用事があって、一階の居間に降りて、書類を見ていた。と、そのとき、小さな音で、遠くから、カヴァティーナが聴こえて来た。この遥かに遠くから聴こえて来る感じ、これがいい。ベートーヴェンの余りの深さが、この距離を通して、私のような人間にはやっと聴ける濃度になって来るようである。地の不安の中で生きる人間に、遥かなるものからの呼びかけのように聴こえて来る。

ベートーヴェンのカヴァティーナが、人間にやって来る「遥かなるものからの呼びかけ」の音楽だとすれば、ブラームスのカヴァティーナは、人間から発する「遥かなるもの」への「呼びかけ」である。

9月3日

チェロ・ソナタ第1番　ホ短調　作品38

一八六五年
三十二歳

「ブラームスには、忍耐、意志、勇気といったものがある」（小林秀雄）

ロストロポーヴィチのチェロ、ゼルキンのピアノによる演奏（一九八二年七月）で聴く。

重厚という言葉が、まさにあてはまる曲。

第1楽章がホ短調、第2楽章がイ短調、第3楽章がホ短調で、全楽章が短調である。短調ではあるが、単に暗い音楽ではない。

新型コロナウイルス禍の後は、重厚な感覚が取り戻される時代になるだろうという予測を、私は持っているが、重厚さは、単なる暗鬱になってはいけないので、逆説的だが、生き生きとした重厚さにならなければならない。そこには、小林秀雄がブラームスについて言った、「忍耐、意志、勇気」が必要なのである。新型コロナウイルス禍で、人々の心が暗鬱になりがちなときに、この暗鬱と重厚の違いは重要な点である。

その重厚な感覚は、ブラームスのこの曲を聴くと身体に沁みて来るようである。

9月4日

チェロ・ソナタ第2番　ヘ長調　作品99

一八八六年
五十三歳

ロストロポーヴィチのチェロ、ゼルキンのピアノによる演奏（一九八二年七月）で聴く。

この第2番になると、長調ということもあり、重厚さは剛毅である。

第3楽章は、ヘ短調で短調だが、アレグロ・パッショナートで、重厚さは推進力を持って突き進むのである。重厚さは、鈍重であってはならない、アレグロでなくてはならない。陰気であってはならない、パッショナートでなければならないのだ。

9月5日

クラリネット・ソナタ第1番 ヘ短調 作品120の1

一八九四年
六十一歳

カール・ライスターのクラリネット、ディヴィッド・レヴィンのピアノによる演奏（一九八〇年）で聴く。

作品120の二曲のクラリネット・ソナタの後、ブラームスの作品には、作品121の「4つの厳粛な歌」と作品122の「11のコラール前奏曲」しかない。ほとんど最後の作品といっていい。

室内楽曲として最後であり、ソナタとして最後である。そして、この変奏曲の大家が、第2番のクラリネット・ソナタの最後の楽章を、変奏曲にしていることを知ると、変奏曲という形式が如何にブラームスの音楽の奥深くに繋がっていたかに改めて思い至る。

晩年のブラームスは、決して項垂れてはいない。第1楽章は、アレグロ・アパッショナートである。そして、最後の第4楽章は、ヴィヴァーチェなのである。ちなみに第2番の第2楽章も、アレグロ・アパッショナートなのである。

9月6日

クラリネット・ソナタ第2番　変ホ長調　作品120の2

一八九四年
六十一歳

「むかしは伯父さんぐらゐのつもりでゐた彼が、いつのまにか自分より若死にした人になつてしまつた」（中村光夫）

カール・ライスターのクラリネット、ディヴィッド・レヴィンのピアノによる演奏（一九八〇年）で聴く。

第1楽章のアレグロ・アマービレは、この老人が自らの人生を回想しているような風情である。そして、このアマービレ（愛らしく）の音楽は、人生はやはり生きるに値するものであったと独語しているようである。

そして、第3楽章は、ブラームスの最後の変奏曲である。この短いが充実した変奏曲は、ブラームスが変奏曲という形式を愛好してきたのは、人生を深めて豊かなものとするためであったと思わせる。

第1番と第2番が入ったCDは、若い頃買い集めたものの一枚だが、その頃、一回くらい聴いただけで、その後聴いていない。単純に面白くなかったからである。しかし、今回、聴いてみると、そのよさというものがやっと分かるように思う。ブラームスが、この作品120の二曲を作曲したのは、一八九四年、死の三年前の六十一歳のときである。晩年になってようやく分かるものが人生にはあるのであろう。それにしても、ブラームスは六十四歳で死んだ。私は、今、六十九歳である。そういえば、私が三十三歳のときの邂逅以来、師と仰いで来た内村鑑三が死んだのが、六十九歳である。内村先生より長生きすることになるのか。これまで、あまり思い及ばないことだった。

中村光夫は、名著『二葉亭四迷伝』を、四十六歳になったとき書き始めたが、その冒頭で、「ふだんは」「とくに気にかけたことはない」「彼の命日」に「染井にある二葉亭の墓をたづね」たことを書いている。それは、「彼が命ををへた四十六歳といふ年齢に、今年僕もなつたからで」あり、その墓の前で「自分にも彼の伝記をかく資格ができたし、また書かねばならぬときがきたのではないかと思つた」と続けている。

私は、内村鑑三が「命ををへた」六十九歳「といふ年齢に」、「今年」私も「なつたから」といって、内村の「伝記をかく資格ができたし、また書かねばならぬときがきた」とは思わない。それは、中村光夫と二葉亭との関係と私と内村との関係の違いから来るものでもあるだろう。また、内村鑑三という人物については、伝記という形式では捉え切れないものがあると考えるからでもある。その上、私の場合、三十七歳のときに上梓した『内村鑑三』で決定的なものを書き切ってしまったという思いが強い。

中村は、次のようなことも書いている。この感慨の方は、私にも関係があるように思われる。

僕が二葉亭に親しんだのは学生時代からで、ときどきは疎遠になりながら、ずゐぶん長いつきあひなのですが、むかしは伯父さんぐらゐのつもりでゐた彼が、いつのまにか自分より若死にした人になつてしまつたといふ事実は、一面においては彼と別れるときがきたのを意味します。この天才と同じ長さの年月を生きて、自分の凡庸さが決定的になつたといふだけでなく、今後かりに僕が長生きしたとしても、年が経つにつれて、彼は年齢的にも僕とは距つた存在になつて行くばかりです。

私にとっても、長く内村鑑三は「伯父さんぐらゐ」の感じであった。内村は「若死に」ではなかったので、中村が二葉亭に対して抱く感慨とは違うのだが、「いつのまにか自分より若死にした人になつてしまつたといふ事実」は同じである。しかし、私は「彼と別れるときがきた」とは思わないし、「今後かりに」私が「長生きしたとしても、年が経つにつれて」、内村が私と「距つた存在になつて行くばかり」とも思わない。

中村の場合は、事実、二葉亭は中村と「距つた存在になつて行」き、中村は、小説や戯曲を書くようになった。『二葉亭四迷伝』は、「彼はすべてをいふことを『あきらめて瞑目』したのです。」

という印象的な文章で終わっている。これは、二葉亭の死を語ったところで、二葉亭の遺言状に触れて、死の六年前の書簡の中の「あきらめて瞑目致すべく候」という文章から引用したものである。中村も、『風俗小説論』などで根底的に批判した近代日本における私小説の問題が、なんら変わることなく続いていっている文学の世界に「あきらめて瞑目」したのであり、文芸評論家であるよりも、自分も好きなように小説や戯曲を書くことにしたのである。

私も、これから確かに内村が生きなかった年齢の人生を生きて行かなければならない。内村が生きて見せてくれたものがない、未知の期間を歩まなくてはならない。それに際して、私は、内村鑑三を「距った」存在として考えるのではなく、主題として軸においておこうと思う。もちろん、七十歳以降の人生は、内村鑑三が生きなかったものであり、外見はずいぶんと違ったものとなるかも知れない。しかし、内村鑑三の主題による変奏曲を演奏する者でありつづけたいと思う。

9月7日

ピアノ・ソナタ第1番　ハ長調　作品1

一八五三年
二十歳

「ブラームスは、本質的に老年作家だ」（小林秀雄）

アナトール・ウゴルスキの演奏（一九九六年）で聴く。

ブラームスの作品の中に、ピアノ・ソナタがあることを長く知らなかった。何かの折に、眼に触れたことはあったかもしれないが、全くといっていいほど意識したことはなかった。ＣＤも、もちろん持っていなかった。

ウゴルスキという鬼才が、突然登場し、ブラームスの「ヘンデルの主題による変奏曲とフーガ　変ロ長調　作品24」とバッハの「シャコンヌ」の左手用の編曲を、コンサートで弾いた。一九九七年の二月のピアノ・リサイタルであった。この二曲を聴いたときの感動は、圧倒的であった。

そして、この二曲が入ったウゴルスキの二枚組のＣＤを入手して、左手のためのシャコンヌとヘンデル・ヴァリエーションを繰返し聴いた。その経験は、「ブラームス・左手・ヴァリエーション」

という批評文（『新潮』一九九九年五月号）に書いた。

そのCDに、ブラームスのピアノ・ソナタ全三曲が入っていた。というよりも、ピアノ・ソナタの方がメインのCDなのであった。そして、初めてピアノ・ソナタを聴いたが、あまりいいとは思えなかった。それで、シャコンヌとヘンデル・ヴァリエーションばかり聴いていた。

今回、改めてピアノ・ソナタを聴いてみることにした。まず、第1番である。この曲は、ブラームス二十歳の作品である。青年ブラームスの野心作に違いないが、青春の表現として傑作になっていないと思った。小林秀雄は、ブラームスは本質的に「老年作家」だといったが、その通りであろう。ブラームスは、自らの青春を表現することは出来なかったのである。青春が不足していたということではあるまい。青春を持て余していたという感じである。

第3楽章は、アレグロ・モルト・エ・コン・フォーコであり、第4楽章は、アレグロ・コン・フォーコである。共に、コン・フォーコなのである。青春は「火のように情熱的」になろうとしているのだが、表現としてうまくいっていないのである。

第2楽章が、変奏曲であることは、変奏曲というものが若きブラームスにとって、すでに好みの形式だったことが思われ、納得する。

それにしても、第1楽章の第1主題（ベートーヴェンの《ハンマークラヴィーア》の冒頭主題に似ているといわれるもの）が激烈に登場するのを、昨日クラリネット・ソナタ第2番（六十一歳のときの作品）を聴いた耳には、人生における四〇年という歳月の重さがしみじみと沁みて来る。

ちなみに、小林秀雄は、ブラームスは本質的に老年作家だと言ったが、青年時代にランボオ論を書き、中年時代には絶唱『モオツァルト』を歌った小林は、老年作家としては十六年かけて『本居宣長』を完成させた。丸山眞男は、交響曲第4番について「第四楽章の《パッサカリア》は百五十年前、バッハの得意業《わざ》なんだな。《シャコンヌ》と同じ執拗低音《バッソ・オスティナート》の技法です。もう誰も使わなくなってしまった手法で書いてる。意識的に『時代』に背を向けたんだとぼくは思うな。」(傍点原文)と言った。これは、小林秀雄の本居宣長についても言えることだろうと思う。

9月8日

ピアノ・ソナタ第2番　嬰ヘ短調　作品2

一八五二年
十九歳

アナトール・ウゴルスキの演奏(一九九六年)で聴く。

第1番より早く、一八五二年、ブラームス十九歳の作品である。

初演は、三〇年後の一八八二年、ハンス・フォン・ビューローの独奏によって行われたという。

三〇年間、演奏されなかったということが、この曲があまり魅力のあるものではないことを示しているだろう。ただ、第2楽章がやはり変奏形式であることが注目される。

9月9日

ピアノ・ソナタ第3番　ヘ短調　作品5

一八五三年
二十歳

アナトール・ウゴルスキの演奏（一九九五年）で聴く。

第1番と同じく、二十歳の作品である。

ブラームスは、ピアノ・ソナタの作曲を二十歳までの三曲で止めた。交響曲は、二〇年かけて四十三歳で交響曲第1番を完成させた。この曲を、ハンス・フォン・ビューローは、ベートーヴェンの九曲の交響曲を踏まえて、交響曲第10番と呼んだ。

しかし、ピアノ・ソナタについては、とてもピアノ・ソナタ第33番（ベートーヴェンは三二曲のピアノ・ソナタを書いた）を書けるとはとても思えなかったであろう。ドビュッシーは、「ベートーヴェン以後、ソナタを書く必要はなくなった。」と言った。もし、ピアノ・ソナタ第33番がありうるとしたならば、それは、シューベルトの最後のピアノ・ソナタ変ロ長調しかあるまい。

この第3番の第4楽章が、間奏曲であるのが注目される。ブラームスの宿命的な音楽であり到達点でもあるのは、晩年のピアノによる間奏曲であった。この間奏曲というものが、二十歳のときのピアノ・ソナタに入れられたのは、ブラームスに何か予感があったのかもしれない。

それにしても、それほどの傑作でもない三曲のピアノ・ソナタを今回、それなりに面白く聴けたのは、ウゴルスキの演奏であったことも大きいかもしれない。ウゴルスキは、作品を力ずくで聴かせるものにしてしまうところがある鬼才だからである。

9月10日

ヘンデルの主題による変奏曲とフーガ　変ロ長調　作品24

一八六一年
二十八歳

「古い形式をどう扱うべきかを知っている人の手にかかると、古い形式でいまだどんなことが行われ得るかを示される」（ヴァーグナー）

アナトール・ウゴルスキの演奏（一九九五年）で聴く。

この変奏曲の傑作を、私は、一九九七年二月のウゴルスキのピアノ・リサイタルで初めて聴いた。

そのときの感動は圧倒的で、その後二年ほどの日々、音楽といえばほとんどこの曲ばかりを聴いていたといってもいいほど熱中した。それを踏まえて「ブラームス・左手・ヴァリエーション」という批評文を書いた。

今日、久しぶりに聴いたが、やはり心から感嘆が湧き上がって来る曲である。『ベートーヴェン一曲一生』の「フィナーレ」で、ベートーヴェンのほとんど全曲を聴いてきて、もし一曲を選ぶとすれば、「自作の主題による32の変奏曲ハ短調」になると書いたが、ブラームスから一曲を選ぶとなれば、この「ヘンデルの主題による変奏曲とフーガ」になるだろう。

ピアノ・ソナタでは、ブラームスはベートーヴェンに及ばなかったが、変奏曲においては、その高みに迫っているように思う。この「ヘンデル・ヴァリエーション」は、ベートーヴェンの「32のヴァリエーション」に、そして至高の「ディアベリ・ヴァリエーション」にすら接近し得た傑作であり、ブラームスが変奏曲の大家といわれるのも納得されるのである。

この曲は、二十八歳のときのものであり、「晩年」の作品ではない。ブラームスが「晩年」の作曲家といわれるのと少し矛盾するようだが、この青春を通過した年齢に作曲された変奏曲は、いわば年齢を超越した世界である。青春の激情も終焉し、まだ晩年の悲哀も色濃くない。精神が創造性の頂点で躍動している。

この曲を三十一歳のブラームスが、五十一歳のヴァーグナーの前で演奏したとき、ヴァーグナーが「古い形式をどう扱うべきかを知っている人の手にかかると、古い形式でいまだどんなことが行われ得るかを示される」と感嘆したのは有名な話だが、「未来音楽」のヴァーグナーは、「古い形式」の「新古典主義者」のブラームスに、「未来音楽」も「新古典主義」も超越した境地に達したものを感じ取ったのであろう。

ブラームスは、書かれたそのときから古典になるものを目指していたのであり、この「ヘンデルの主題による変奏曲とフーガ」は、まさにそのような意味で古典である。そして、三十歳前後でこのような古典的作品を書き得た人間にこそ、「晩年」は訪れるのである。

ガイリンガーの本の中に、次のようなブラームスの子供時代のことが書いてあって、この変奏の大家の話として少し面白いと思ったので、引用しておこう。

小さなヨハネスは、玩具の鉛の兵隊で遊ぶのが大好きで、それらをいろいろ新しい隊形に並べながら、決して飽きることを知らなかった。同じ年頃の子供たちのやかましい遊戯を何時も避けていた静かな敏感な少年が、こんな軍隊的な遊びに夢中になったのは奇妙なことである。しかし実際この鉛の兵隊を並べることは、ブラームスが大人になっても大好きで、それは彼の創作活動へと彼を鼓舞したと言われているが、普通の子供らしい戦争ごっこ好きとは少し違っていた。いろいろ異なる形に小さな鉛の人形を並べることは、彼が後年、一つのテーマから諸変奏曲を書くことに感じたのと、同じ種類の喜びを彼に与えたのだった。なぜならこの二つの場合、彼は想像力の助けを借りて、与えられた材料を変形しようとする止み難い気持に追いやられるからである。

9月11日

「4つのバラード」作品10

一八五四年
二十一歳

グレン・グールドの演奏（一九八二年二月八日〜十日）で聴く。

録音の月日まで記載したのは、グールドが五十歳で死んだのが、この年の十月四日だからである。明後日に聴く「2つのラプソディー」の録音は、一九八二年六月三十日と七月一日である。死の直前である。グレン・グールドという不世出のピアニストが、最後に録音したのが、他ならぬブラームスであったということは、ある意味で感動的なことである。というのは、これはブラームスの音楽がやはり「晩年」の音楽であるということばかりではなく、グールドに死の直前に選ばれるほどのものであったことを示しているからである。

この「4つのバラード」は、二十一歳のときの作品だが、その第3曲の間奏曲を聴くと、早くも「晩年」の間奏曲を予告しているように感じられてくる。

9月12日

「8つの小品」作品76

一八七八年
四十五歳

グレン・グールドの演奏（一九六〇年）で聴く。

グレン・グールドのCD『ブラームス　間奏曲集』は、作品76から二曲、作品116の「7つの幻想曲」から一曲、作品117の「3つの間奏曲」から全曲、作品118の「6つの小品」から三曲、作品119の「4つの小品」から一曲の計一〇曲が収められている。曲順は、作品番号に関係なく並び変えられている。

二十八歳のグールドは、早くも晩年の意識に達したかの如く、このブラームスは名演である。曲の選択も順番も冴えているし、この一〇曲で、ブラームスの晩年の世界が一幅の画のように描き出されている。

作品76からは、六曲目にイ短調作品76の7と七曲目にイ長調作品76の6が入っている。作品76は、第1曲がカプリッチョ、第2曲もカプリッチョ、第3曲は間奏曲、第4曲も間奏曲、第5曲はカプリッチョ、第6曲は間奏曲、第7曲も間奏曲である。グールドは、第3曲、第4曲の間奏曲を選んでいない。ブラームスの晩年の世界の表現には、特に必要ないと思ったのであろう。

この作品76のピアノの小品群は、ブラームスのいわば晩年の入り口である。これも、ペルチャッハで作られたと知ると、ますますペルチャッハへの思いは高まる。

9月13日

「2つのラプソディー」作品79

一八七九年
四十六歳

グレン・グールドの演奏（一九八二年六月三十日、七月一日）で聴く。

グレン・グールドの最後の録音であろう。そう思って聴くからであろうか、このブラームスの聴き慣れた有名な曲が、いつになく感慨深く聴かれる。この二曲のラプソディーは、風土の色合いが強く感じられる音楽である。北ドイツの風景が浮かんでくるようなのだ。

グールドは、「北の理念」というドキュメンタリー映画を作った人であった。北方の精神のカナダ人、グールドは、この曲を弾きながら、ブラームスに「北方の魂」の共振を感じていたであろう。

9月14日

「7つの幻想曲」作品116

一八九二年
五十九歳

「私は生存にも疲れてゐる。」（正宗白鳥）

ヴァレリー・アファナシエフの演奏（一九九三年十月）で聴く。

ブラームスの晩年のピアノ小品の世界は、この作品116から始まる。その後、作品117の「3つの間奏曲」、作品118の「6つの小品」、作品119の「4つの小品」と続く。全部で二〇曲であり、ほとんどが一八九二年、五十九歳のときに作曲された。

一八九〇年に弦楽五重奏曲第2番を完成した後、創作力の衰えを感じたブラームスは、大曲の創作は止めて、遺書の作成も考えるほどであったが、クラリネットの音にブラームスの精神の何かが覚醒し、一八九一年夏にクラリネット五重奏曲ロ短調などを作曲するほどに創作力は蘇った。

しかし、その後、疲労がやって来たようである。この疲労は肉体のものばかりではない、人生の疲労である。ブラームスは作品117の「3つの間奏曲」を「自分の苦悩の子守歌」と呼んだ。疲労した老人の「随想」である。これは、ピアノ小品全体に言えることだ。

「ブラームス・左手・ヴァリエーション」という批評文の最後の部分で、私は、ブラームスの晩年の曲に触れて正宗白鳥を思い出している。確かに、このブラームスの疲労は、正宗白鳥の「疲労」に似ているようである。「六十の手習ひ」という文章の中で、海外旅行中にフランスで女教師にフランス語を習ったことを書いているが、その教師が「御機嫌いかが」と日常の挨拶言葉をかけると、「"Je suis un peu fatigué"（私は少し疲れてゐる）」と答えるのを例としていたという。「私の心の中では、その言葉は、旅にやや疲れてゐるといふだけの意味を有つてゐるのではない。私は生存にも疲れてゐる。」

晩年のピアノ小品を一曲作曲した後に、ブラームスも、「作曲して疲れた。しかし、私は生存にも疲れている」とつぶやいたとしてもおかしくはない。正宗白鳥は、音楽については余り語っていないが、ブラームスを聴く機会があったら、心に沁みたに違いない。白鳥には、ブラームスが最も似合っている。

この「7つの幻想曲」は、第1曲、カプリッチョ、第2曲、間奏曲、第3曲、カプリッチョ、第4曲、間奏曲、第5曲、間奏曲、第6曲、間奏曲、第7曲、カプリッチョ、である。この四曲の間奏曲の中から、グールドは、『間奏曲集』のCDに、第4番しか選ばなかった。確かに、これが間奏曲として一番いい。グールドの批評眼に改めて脱帽する思いである。

9月15日

「3つの間奏曲」作品117

一八九二年
五十九歳

「思へば遠く来たもんだ」（中原中也）

ラドゥ・ルプーの演奏（一九七〇年十一月）で聴く。

この三曲は、「間奏曲」の代表的なものである。グレン・グールドも、そのCDの最初にこの三曲を117の1、117の2、117の3の順に並べている。だから、グールドの『間奏曲集』の最初は、117の1である。そして、「間奏曲」の中から一曲を選ぶとしたら、これであろう。

この曲の冒頭には、ドイツ・ロマン派の詩人ヘルダーの編んだ詩集『諸民族の声』の中の「アン・ボズウェル夫人の嘆きの歌」のヘルダーによるドイツ語訳で「ある恵まれない母親の子守歌」と題された詩の最初の二行が掲げられている。これは、元々は、パーシーの『古い英語の詩の遺産』に含まれていたもので、スコットランドの子守歌であるという。スコットランドのものということは、ブラームスの北ドイツと同じく、やはり北方の詩情なのである。

ブラームスは、「3つの間奏曲」について、「自分の苦悩の子守歌」だといったが、それは特にこの117の1についていえるであろう。

このブラームスを一日に一曲聴くという試みを始めたのは、八月二日であった。その最初の日に聴いた交響曲第1番ハ短調は、二〇年かけて四十三歳で完成させた大曲であった。それを回想しながら、この五十九歳のときの間奏曲を聴くとき、「はるけくも来つるものかな」の思いが湧き上がってくる。ブラームスが中原中也を知っていたら、「思へば遠く来たもんだ」の詩句を口ずさんだであろう。

追記

この日（二〇二二年四月二十一日）の新聞に、ルプーの死亡記事が出ていた。

「ラドゥ・ルプー氏（ルーマニア出身のピアニスト）欧米メディアによると十七日、スイス・ローザンヌの自宅で死去、七十六歳。長い闘病生活を送っていた。

一九四五年ルーマニア東部ガラッ生まれ。六歳でピアノを始め、十二歳でデビュー。六一年に名門モスクワ音楽院に入学。六六年バン・クライバーン国際ピアノコンクールで優勝、国際的な名声を高めた。

世界最高のピアニストの一人として知られ、特にシューベルトやブラームスの叙情あふれる演奏に定評があった。」

「長い闘病生活」については、いつぞや音楽雑誌で読んだことがある。ルプーについては、大学生時代に聴いたシューベルトのピアノ・ソナタト長調「幻想」のレコードを思い出す。冒頭の第1主題に魅了された。『作曲家別名曲解説ライブラリー　シューベルト』には、「他のどんな作曲家にもまねできないようなシューベルトの抒情歌で始まる」と書かれている。この「抒情歌」が、ルプーという「叙情あふれる演奏に定評のあった」ピアニストによって、最高の「抒情詩」として歌われていた。言葉による抒情詩では、及びもつかない境地が出現しているように感じた。「凡ての芸術は、音楽の状態に憧れる」というウォルター・ペーターの名言を思い出す。

「千人に一人のリリシスト」というのが、ルプーについて言われる言葉だが、この「リリシスト」（抒情詩人）は、二十九歳のときに録音したこのシューベルトのソナタでピークに達してしまったのではないか。ベートーヴェンは、「抒情詩人」だけでは弾けないからである。

島崎藤村は、『若菜集』の抒情詩人から出発して、「患難、忍耐、練達」を経て『夜明け前』の叙事詩人となった。北原白秋は、『思ひ出』の抒情詩人から出発して、同様にして交声曲「海道東征」の叙事詩人となった。三十歳で死んだ中原中也は、『山羊の歌』から出発して、『在りし の歌』という抒情詩集で抒情詩人のまま終わった。

芸術家は、皆、抒情詩人として出発する。そして、如何にして叙事詩人になっていくか、ここに成熟の問題があるように思われる。

9月16日

「6つの小品」作品118

一八九三年
六十歳

ラドゥ・ルプーの演奏（一九七六年七月）で聴く。

この「6つの小品」は、第1曲が間奏曲、第2曲も間奏曲、第3曲はバラード、第4曲が間奏曲、第5曲がロマンス、第6曲が間奏曲である。

グールドは、その『間奏曲集』のCDで、第1曲、第2曲、第6曲を選び、第4曲を落としている。その上、第2曲を最後に置いている。さすがだと思う。第2曲は、ブラームスの「無言歌」であり、グールドは、歌で終えたかったのであろう。

第6曲は、アンダンテ、ラルゴ・エ・メスト であり、メストが出た。解説書によれば、元来、書かれるべき交響曲第5番の緩徐楽章として考えられたものだという。しかし、こんな深い悲しみの緩徐楽章を、第2楽章に置いたら、第1楽章をどう始めたらいいのか。また、第3楽章は、どうしたらいいのか。交響曲第5番は、やはり書かれないで終わったのは当然であったかもしれない。

ブリュイールの本には、「このとき、『第五交響曲』のスケッチをしていたが、この曲は実現されなかった。だが、どうだ！　彼が交響曲を断念して、後年、室内楽に専念するようになったとき、彼はこういった――『いまどき気違いでなければ、四つ以上もの交響曲を書くものはほとんどいまい』。」と書かれている。

この「気違い」とは、恐らくブルックナーのことを指しているに違いない。ブラームスの反対派であるヴァーグナー派の一人と見なされていたブルックナーは、九曲の交響曲を書いたからである。確かに、ブルックナーは「気違い」であったろう。しかし、それは、「我等もし心狂へるならば、神の為なり、心慥《たしか》ならば、汝らの為なり」（コリント後書第五章一三節）というパウロの言葉の意味においてである。

9月17日

「4つの小品」作品119

一八九三年
六十歳

ラドゥ・ルプーの演奏（一九七六年七月）で聴く。

この「4つの小品」は、第1曲が間奏曲、第2曲も間奏曲、第3曲も間奏曲、第4曲がラプソディーである。

グールドは、その『間奏曲集』のCDで、第1曲しか選んでいない。第1曲は、クララ・シューマンが「灰色の真珠――曇っているが非常に貴重である」と述べた曲である。間奏曲三つのうち、選ぶとすればやはりこれであろう。

それにしても、作品116から作品119までの全二〇曲の小品を聴いてくると、ブラームスの「モーツァルトやベートーヴェンは神々だが、私は人間だ」という言葉が思い出される。ベートーヴェンのピアノ曲は、ピアノ・ソナタ第30番、第31番、第32番の高みに達した。一方、ブラームスがたどり着いたのは（達したというよりも）これらの小品であった。しかし、この「人間」に過ぎない人間がたどり着いた小品の味わいの深さは、何といったらいいのであろうか。この「人間」は単なる人間ではなかった。神々に「憧れ」を抱いた人間だった。その憧れの中で、この人間は、変な言い方だが、何回も自乗されたような深みを持つようになっていったのである。

9月18日

「11のコラール前奏曲」作品122

一八九六年
六十三歳

「『別離の涙』をそゝがないで、地上を私は去り得られるだらうか。……」（正宗白鳥）

ジャック・ヴァン・オルトメルセンのオルガンの演奏（一九九〇年）で聴く。

『作曲家別名曲解説ライブラリー　ブラームス』がとり上げている順番に、ここまでブラームスの作品を聴いて来て、晩年のピアノ小品の後に、オルガンの曲が出てきたのには、驚いた。近代の音楽家としては、意外であったし、そもそもブラームスにオルガン曲があるとは知らなかったからである。オルガン曲は、何と言ってもバッハである。

ベートーヴェンについても、『作曲家別名曲解説ライブラリー　ベートーヴェン』を参考に聴いたものだが、オルガン曲はなかった。それが、ベートーヴェンより六三年後に生まれたブラームスに、オルガン曲が現れたのである。これは、感動的な事件である。また、このブラームスにおけるオルガン曲の持つ意味は、かなり深いものがあるように思われる。

解説書には、「ブラームスは、オルガンという楽器には必ずしも無関心であったわけではなかった。すでに一八五六年から翌年にかけてデュッセルドルフで《「おお悲しみよ、おお心の苦しみよ」によるコラール前奏曲とフーガ》、それに《フーガ》変イ短調、二曲の《前奏曲とフーガ》を書いている。」とあり、「一八五六年というと、その七月二十九日にシューマンが精神病院で淋しく生涯を閉じているので、そうしたことからの衝撃がブラームスにこうしたオルガン曲を書かせることになったと考えられる。」と説明されている。この《前奏曲とフーガ》は、「私の愛するクララ」に捧げられているという。

一方、この最後の「11のコラール前奏曲」は、一八九六年五月二十日にクララ・シューマンが死去したことが関係している。その悲しみの中で、六月末あるいは七月初めに完成された。今回の曲は、クララの霊に捧げられるものであった。

このようなロベルト・シューマンの死、クララ・シューマンの死という深刻な事態の中で、オルガン曲は書かれたのである。近代の音楽家ブラームスに、バッハが蘇ったのである。「世紀末ウィーン」の時代に死んだブラームスは、近代の中で生き続けたとしても、最後にバッハというドイツ音楽の正統に、あるいは教会音楽の伝統につながっていることを示して死んだのだ。伝統と正統が一致している文化に生きた人間の幸福を思う。私が生きている近代日本では、正統と伝統は、ずれているからである。

この「11のコラール前奏曲」は、ブラームスの最後の作品番号を持つ作品である。最後の作品が、オルガン曲だった。そして、その最後の第11曲は、「おおこの世よ、われ汝より去らねばならぬ」のコラールにもとづくものとなっているのである。

この「11のコラール前奏曲」は、第1曲「わがイエスよ、われを導き給え」、第2曲「敬愛するイエスよ」、第3曲「おおこの世よ、われ汝より去らねばならぬ」、第4曲「わが心は喜びにみちて」、第5曲「装え、愛する魂よ」、第6曲「おお汝、信心深い人はいかに至福なるか」、第7曲「おお神よ、汝やさしき神よ」、第8曲「一輪のばらが咲いて」、第9曲「心から私は願う」、第10曲「心から私は願う」、第11曲「おおこの世よ、われ汝より去らねばならぬ」から成っている。

元々、コラールに心打たれることの多い私としては、ブラームスがコラール前奏曲を書いて死んだことに、独特な感銘を受ける。

第9曲と第10曲が、同じ「心から私は願う」のコラールによるものだが、ブラームスは、繰り返すほどに「心から私は願う」と祈願したのであろう。第3曲「おおこの世よ、われ汝より去らねばならぬ」が、第11曲で繰り返され、これが最後を締めくくっていることを思うと、またここでも正宗白鳥を思い出す。「髑髏《どくろ》と酒場」という紀行文の一節である。パリでの孤独の思い出を語っているものだが、次のような感慨で結ばれている。

そのかはり、郷愁といふものも感じられなかつた。故国の恋ひしさに情緒を悩ましたことはなかつた。しかし、幾十年の生命を托した地上を去るに臨んで、私は、果して地上恋しい「郷愁」を感じないであらうか。「別離の涙」をそゝがないで、地上を私は去り得られるだらうか。
……

9月19日

「ドイツ・レクイエム」作品45

一八六八年
三十五歳

「彼（ブラームス）は、やや無名の神学生のように毎日読んでいた聖書の中から、この曲のためにいくつかの歌詞をみずから選んだ」（ジョゼ・ブリュイール）

フルトヴェングラー指揮、ストックホルム・フィルハーモニー管弦楽団及び合唱団の演奏（一九四八年十一月のライヴ）で聴く。

『作曲家別名曲解説ライブラリー　ブラームス』では、独奏曲の部の後に声楽曲の部が続くので、昨日の「11のコラール前奏曲」の後、今日、「ドイツ・レクイエム」を聴くことになった。だから、この順番は、ある意味で偶然だが、このオルガン曲を聴いたことは、レクイエムの前奏曲として聴いたこととなったように思われて、「ドイツ・レクイエム」の聴き方が深まったように思う。「ドイツ・レクイエム」は、宗教曲だからである。

バッハのオルガン曲を思い出させる「11のコラール前奏曲」を聴いて、「ドイツ・レクイエム」を聴くと、バッハの「マタイ受難曲」を思い出す。前者は、レクイエム（鎮魂曲）であり、後者は「受難曲」であるから、内容的には違いがあるが、その宗教的感動の深さには、通ずるものがあるのである。しかし、バッハの「マタイ受難曲」という至高の音楽と比べることは、やはりできないかもしれない。それは「ドイツ・レクイエム」がそれほどの傑作ではないということではない。ベートーヴェンの「ミサ・ソレムニス」もバッハと比肩できるものではないだろう。そもそも「マタイ受難曲」に比べられる作品は、他にはないのである。

「ドイツ・レクイエム」が、「マタイ受難曲」の高みに及ばないのは、バッハとブラームスの個人的な才能の如何よりも、時代の宿命であろう。「ドイツ・レクイエム」は、「近代の秋」における「マタイ受難曲」なのである。「近代の秋」には、もう「マタイ受難曲」を作ることは出来ない。ブラームスが、「近代の秋」とするならば「近代の春」ともいうべきベートーヴェンですら「ミサ・ソレムニス」を作曲できただけであった。

昔、この「ドイツ・レクイエム」を聴いたときは、少し当惑したように思う。ブラームスを、こんな宗教的な曲のある音楽家とは、不覚にも思っていなかったからである。人間の次元でブラームスをとらえ過ぎていたからであろう。それにしても、「こんなすごい曲」だとは思っていなかった。

吉田秀和は、『私の好きな曲』の中で、バッハの「ロ短調ミサ」をとりあげているが、その中で、この曲と「マタイ受難曲」を「超絶的な二曲」と呼んで、次のように書いている。

　バッハの超絶的な二曲の中で、私は『マタイ受難曲』は、これまでにほんの数回しかきいたことがない。レコードでもはじめから終りまできいたのは、何度あったか。数はおぼえてはいないが、十回とはならないのは確かである。私は、それで充分満足している。私は、こんなすごい曲は、一生にそう何回もきかなくてもよい、と考えている。この曲は、私を、根こそぎゆさぶる。

　この吉田秀和の感慨と似たような思いを、私は、ブラームスの「ドイツ・レクイエム」に対して抱くのである。

　ベートーヴェンに「ミサ・ソレムニス」があるように、ブラームスには「ドイツ・レクイエム」がある。『ベートーヴェン　一曲一生』の中で、「ベートーヴェンの『ミサ・ソレムニス』を聴けば、『何だ、こりやヤソぢやねえか！　と感慨を洩らさなくてはならないだろう。』と書いたが、ブラームスの「ドイツ・レクイエム」を聴いたら、ブラームスも、やっぱり「ヤソぢやねえか！」と改めて思い至らなくてはならないだろう。この「ヤソぢやねえか！」という印象的な啖呵《たんか》は、歌舞伎役者の市村羽左衛門のものだ。これを引用した河上徹太郎の文章は、近代日本の文化を考える上で極めて重要である。『ベートーヴェン　一曲一生』の中でも引いたが、ここでも引用しようと思う。

河上徹太郎は、『新聖書講義』（一九六三年）の中で、羽左衛門が、外遊したときのことに触れて、次のように書いている。

羽左衛門が曾て外遊した時、パリでルーヴル博物館を見学し、古今の西洋美術の精華に接した後、人に語つた印象は、「何だ、みんなヤソぢやねえか！」といふ啖呵一つだつたといふ逸話がある。羽左衛門はもとより画の題材についていつたに過ぎない。然しこの批評は洒落として考へて見るのに、実に重大の意味がある。西洋の文化は実は皆ヤソなのである。この単純な第一印象を飛び越えてものをいふために、人は実に重大な誤謬や迷妄に陥るのだ。誰がバルザックを読みベートーヴェンを聴いて、何だ、こりやヤソぢやねえか！　と感慨を洩らした人があるか？　しかも錯誤は、バルザックやベートーヴェンがヤソであるなんて当然の限定で、今更そんなことを口にする必要はない、と信ずる所から、更に増大していくのだ。

「誰が」ブラームスを聴いて、「何だ、こりやヤソぢやねえか！　と感慨を洩らした人があるか？　しかも錯誤は」、ブラームスが「ヤソであるなんて当然の規定で、今更そんなことを口にする必要はない、と信ずる所から、更に増大していく」のである。

「ドイツ・レクイエム」は、交響曲第1番ハ短調より前に書かれたのであり、ベートーヴェンの「ミサ・ソレムニス」が、交響曲第9番「合唱」の後に書かれたのとは、対照的である。恐らく、ブラームスは、ベートーヴェンよりも宗教的人間だったのである。となると、ブラームスと「物のあはれ」を結びつけて聴くということも、「日本的な、余りに日本的な」ものに流れていってはいけないのであろう。センチメンタルなものと誤解してはならない。ブラームスも、根底において「ヤソ」だからである。小林秀雄が、ブラームスには、忍耐、意志、勇気といったものがあり、普通いわれるセンチメンタルな作曲家という評価は全くの誤解だと言ったのもさすがに慧眼である。

交響曲第1番のところで触れた内村鑑三の「デンマルク国の話」の末尾には、「宗教、信仰、経済に関係なしと唱うる者は誰でありますか。宗教は詩人と愚人とに佳《よ》くして実際家と智者に要なしなどと唱うる人は、歴史も哲学も経済も何も知らない人であります。」とあり、内村は「私が今日ここにお話しいたしましたデンマークとダルガスとにかんする事柄は大いに軽佻浮薄の経世家を警《いまし》むべきであります。」と結んだ。

これに倣うならば、「宗教、信仰」、西洋音楽に「関係なしと唱うる者は誰でありますか」、ベートーヴェン、あるいはブラームスを聴くのに、「宗教」は「要なしなどと唱うる人は」、音楽も「何も知らない人であります」、この「ヤソ」の問題は、「大いに軽佻浮薄の」クラシック音楽愛好家を「警むべきであります」、ということになろうか。

解説書には、「一八六三年にウィーンの合唱団ジンクアカデミーの指揮者に招かれ、合唱団に親しみ、一八六五年に母の死んだ時には、ブラームスは、忘れるともなく忘れていた《ドイツ・レクイエム》の作曲をふたたび完成することにつとめ、どこへゆくにも原稿を鞄に入れて持ちまわったほどだった。」とある。そして、「ドイツ・レクイエム」は、一八六八年、三十五歳のときに完成した。この鎮魂曲には、「どこへゆくにも原稿を鞄に入れて持ちまわった」ものならではの、魂の濃度がある。

この「どこへゆくにも原稿を鞄に入れて持ちまわった」という件を読むと、私が、聖書を「鞄に入れて持ちまわった」ことを思い出す。片道三時間くらいかかる山梨県の大学に、私は二四年間勤務したが、昔ロンドンで手に入れた中世の巡礼バッジのレプリカを付けた鞄にはいつも黒表紙の『文語訳新約聖書（詩篇付）』が入れてあった。新宿から大月まで一時間乗車する特急の車内で、時々、聖書を読んだ。数か月かけて順番に読んでいったこともある。眼をあげると、甲斐の国の山々が遠くに見えたりした。そんなときは、詩篇一二一篇一節「われ山にむかひて目をあぐ　わが扶助《たすけ》はいづこよりきたるや」と口ずさんでいた。車中の読書では、今まで気づいていなかったことを発見することもあった。

また、宿舎で真夜中に眼が覚めてしまい、なかなか眠れないこともたまにあった。そんなときには起きて聖書を読んだ。パウロの書簡を読んだことが多かったように思う。この狭い部屋での読書では、書いてある内容よりも、ただ聖書を読んでいるということが慰めをもたらしたように思う。

この聖書は、かなり傷んでしまい、持ち運びは厳しくなったが、丁度退職したので、今は机の上に置いてある。たまにこの背が少し破れてしまった聖書に眼がいくと、この聖書とともにあることで辛うじて四半世紀、生きることができたのだという思いが湧き上がってくる。

ブラームスは、「ドイツ・レクイエム」の歌詞を、ルター訳の聖書から選んでいるが、ブリュイールは「彼は、やや無名の神学生のように毎日読んでいた聖書の中から、この曲のためにいくつかの歌詞をみずから選んだのであるが、これらの歌詞が、終始、曲そのものと不思議にぴったりした一つの思想によって結ばれているように思える。」と書いている。

確かに、この聖書からの引用は、聖書を「神学生のように毎日読んでいた」ことを示している。そうでなければ、このような的確な引用はできないだろう。

山本七平がその『小林秀雄の流儀』の中で、小林は「大変な『聖書読み』であったに相違ない。たとえば前に引用した彼の文章の中に『エホバの言葉、我心にありて、火のわが骨の中に閉ぢこもりて燃ゆるが如くなれば……』『天よきけ、地よ耳をかたぶけよ』『静かなる細微き声』『賢者なぞ愚者に勝るところあらんや』が聖書のどこからの引用でだれの言葉か即座にいえる人は決して多くないであろう。細かい点は略すが、最初がエレミヤ、二番目がイザヤ、三番目がエリヤ、四番目がコーヘレスだが、その選択は預言者なるものの特色と知恵文学なるものの特色を実によくつかんでいる証拠といわねばなるまい。」と書いている。ブラームスは、「ドイツ・レクイエム」における聖書の引用を見るに、「大変な聖書読み」であったといえるであろう。

このCDは、第二次世界大戦が終わってから三年半後の演奏である。「ドイツ・レクイエム」の成立の動機には、様々なことが言われている。シューマンの死、母の死、また、普墺戦争や普仏戦争のことが語られたりするが、この一九四八年の演奏には、第二次世界大戦のことが感じられるのである。スウェーデンは、第二次世界大戦では武装中立の立場ではあったが、様々な苦難があったであろう。そして、ルター派の国である。

バッハの「マタイ受難曲」の、ウィレム・メンゲルベルク指揮、ロイヤル・コンセルトヘボウ管弦楽団による演奏の録音は、歴史的なライヴとして有名である。一九三九年の四月二日、アムステルダム・コンセルトヘボウで行われた演奏会のものであるが、この名演が特に名高い理由の一つは、第47曲のアルトのアリア「憐み給え、我が神よ」が、ソロ・ヴァイオリンの痛切な旋律とともに歌われるところで、客席のすすり泣きが聴こえてくることである。一九三九年四月二日といえば、九月一日の開戦の直前である。

それを思うと、この一九四八年十一月の「ドイツ・レクイエム」の演奏のときも、客席ではすすり泣きが聴こえたのではないかと思う。戦後まだ三年である。戦争の記憶と戦死者の思い出が痛切に蘇って来たことであろう。このフルトヴェングラーのライヴ盤は、雑音も多く、客席の咳払いも入っているが、恐らくこの雑音の中には、すすり泣きも混じっているのではないか。

「大変な聖書読み」ブラームスが選んだ聖句を見ていくと、ブリュイールのいう「一つの思想」が浮かび上がって来るであろう。「一つの思想」と言うよりも「一つの信仰」と言った方がいいようにも思われるが、それは「幸福なるかな、悲しむ者。その人は慰められん」から「今よりのち主にありて死ぬる死人は幸福なり」へと貫くものである。

第1曲

・マタイ伝第五章四節「幸福なるかな、悲しむ者。その人は慰められん」

・詩篇第一二六篇五節「涙とともに播《ま》くものは歓喜とともに穫らん」

・詩篇第一二六篇六節「その人は種をたづさへ涙をながしていでゆけど　禾束《たば》をたづさへ喜びてかへりきたらん」

第2曲

・ペテロ前書第一章二四、二五節「人はみな草のごとく、その光栄はみな草の花のごとし。草は枯れ、花は落つ。されど主の御言は永遠に保つなり」

・ヤコブ書第五章七節「兄弟よ、主の来り給ふまで耐忍べ。視よ、農夫は地の貴き実を、前と後との雨を得るまで耐忍びて待つなり。」

・イザヤ書第三五章一〇節「ヱホバに贖ひ救はれし者うたうたひつゝ帰《かへり》てシオンにきたり　その首《かうべ》にとこしへの歓喜《よろこび》をいたゞき楽《たのしみ》とよろこびをえん　而《しか》して悲哀《かなしみ》となげきとは逃《にげ》さるべし」

第3曲

・詩篇第三九篇四節「ヱホバよ願はくはわが終とわが日の数のいくばくなるとを知《しら》しめたまへ　わが無常《はかなき》をしらしめたまへ」

・詩篇第三九篇五節「視よなんぢわがすべての日を一掌《つかのま》にすぎさらしめたまふ　わがいのち主前《みまへ》にてはなきにことならず」
・詩篇第三九篇六節「人の世にあるは影にことならず　その思ひなやむことはむなしからざるなし　その積蓄《つみたくは》ふるものはたが手にをさまるをしらず」
・詩篇第三九篇七節「主よわれ今なにをかまたん　わが望はなんぢにあり」
・旧約外典「ソロモンの知恵」第三章一節「正しい者の魂は神の御手にあって、いかなる責苦も彼等に届くことはない」

第4曲
・詩篇第八四篇一節「万軍のヱホバよなんぢの帷幄《あげばり》はいかに愛すべきかな」
・詩篇第八四篇二節「わが霊魂《たましひ》はたえいるばかりにヱホバの大庭《おほには》をしたひ　わが心わが身はいける神にむかひて呼《よば》ふ」
・詩篇第八四篇四節「なんぢの家にすむものは福《さいは》ひなり　かゝる人はつねに汝をたゝへまつらん」

第5曲
・ヨハネ伝第一六章二二節「斯《か》く汝らも今は憂《うれひ》あり、然《さ》れど我ふたたび汝らを見ん、その時なんぢらの心喜ぶべし、その喜悦《よろこび》を奪ふ者なし。」

・イザヤ書第六六章一三節「母のその子をなぐさむるごとく我もなんぢらを慰めん」
・旧約外典「ベン・シラの知恵」「いかに私が少なく労して、私のために多くの休みを得たかを」

第6曲
・ヘブル書第一三章一四節「われら此処《ここ》には永遠《とこしへ》の都なくして、ただ来らんとする者を求むればなり。」
・コリント前書第一五章五一、五二節「視よ、われ汝らに奥義を告げん、我らは悉《ことごと》く眠るにはあらず、終《をはり》のラッパの鳴らん時みな忽《たちま》ち瞬《またゝく》間《ま》に化せん。ラッパ鳴りて死人は朽ちぬ者に甦へり、我らは化するなり。」
・コリント前書第一五章五四節「此の朽つるものは朽ちぬものを著、この死ぬる者は死なぬものを著んとき『死は勝《かち》に呑まれたり』と録されたる言は成就すべし。『死よ、なんぢの勝は何処にかある。死よ、なんぢの刺《はり》は何処にかある』」
・ヨハネ黙示録第四章一一節「我らの主なる神よ、栄光と尊崇《たふとき》と能力とを受け給ふは宜《うべ》なり。汝は万物を造りたまひ、万物は御意によりて存し、かつ造られたり」

第7曲
・ヨハネ黙示録第一四章一三節『『今よりのち主にありて死ぬる死人は幸福なり』御霊も言ひた

まふ『然り、彼等はその労役《はたらき》を止めて息《やす》まん。その業《わざ》これに随《したが》ふなり』」

小林秀雄が、『モオツァルト』の中で、「美は人を沈黙させるとはよく言はれることだが、この事を徹底して考へてゐる人は、意外に少いものである。」と書いていることは有名だが、信仰の深い表現は人を沈黙させる、ということは更に真実であろう。だから、私は、ここで二つのことを洩らすにとどめよう。

一つは、この全楽章が深い感動を与える曲の中でも、特に圧倒される第3曲の「持続音」についてである。解説書には、次のように書かれている。

ここに一九世紀後半にかかれたもっとも偉大な楽曲のひとつである驚異的なフーガが、「正しい者の魂は神の御手にあって、いかなる責苦も彼等に届くことはない」(旧約外典篇の「ソロモンの知恵」第三章一節)を、断乎たる確信のうえで歓呼する。信仰と希望とをもって上行する主題は、まずテノールにでて、次にアルトに、それからソプラノにそして最後にバスにとられる。全フーガは、バス、トロンボーン、ティンパニなどの低い二音の持続音で支持されて和声的に制約を受けているが、旋律を自由に流し走らせている。これは、ブラームスの技巧のすぐれた点である。そして、この持続音は、ウィーンの初演のときに大きな物議をかもしたが、いまではブラームスのレクイエムの特徴とさえもなっている。実際、クレッチュマーがいうように神のみ座の安らかさと恒久さは、この持続音があってこそ、十分に表象されるのである。

この「持続音」は、確かに「神のみ座の安らかさと恒久さ」が聴く者の魂に迫って来る。特に、このフルトヴェングラーの指揮での演奏は、白熱している。他の指揮者のものも聴いてみたが、フルトヴェングラーの「持続音」は、驚異的に「持続」している。フルトヴェングラーの特徴は、異常な白熱にあるが、この「ドイツ・レクイエム」のライヴにもそれが最高度に出ている。合唱団の大合唱が、もうこれ以上声は続くまいと思われる限度まで響き渡る。この「持続」は、神へ祈願するフルトヴェングラーのほとんど念力といっていい精神の燃焼によって「支持されて」いる。

もう一つは、ささやくように言いたいことである。それは、「私が死んでも、『ドイツ・レクイエム』は要らない。」とヴァーグナーは言ったが、私が死んでも、ヴェルディの「レクイエム」はもちろん要らない、モーツァルトの「レクイエム」も要らないかもしれない、しかし、ブラームスの「ドイツ・レクイエム」は要る、と言いたい気がするという感慨である。

9月20日

「宗教的な歌曲」作品30

一八五六年
二十三歳

ケンブリッジのキングスカレッジ聖歌隊の演奏（一九九〇年）で聴く。

ブラームス、二十三歳の作品。

解説書には、コラール「主イエス・キリストよ、あなたは至高の神」に関係していると書かれている。私が、この曲をとても美しいと感じるだけではなく、深さも感じられるのは、このコラールの風情があるからであろう。私は、とにかくコラールに心打たれる。

歌詞は、医者で詩人のパウル・フレミング（一六〇九―四〇年）の『宗教的および世俗的詩集』の中からとられた。フレミングは、ルター派の教会の牧師の子だという。ブラームスの故郷、ハンブルクで死んでいる。

歌詞大意

誰でも悲しみにとどまってしまってはいけない。神に従い静かにせよ。そうすれば満たされるだろう。わが意志よ、おまえはいま明日のことで何を心配しているのか。一人がすべてに責任を負っている。彼はまたおまえにおまえのことを課している。迷わずにただすべての仕事をせよ。しっかり立て。神の決めることは最善なのだし、最善と呼ばれるものなのだ。アーメン。

ルター派の牧師の子らしい詩である。それはまた、ブラームスの心に響くものでもあったであろう。「迷わずにただすべての仕事をせよ。しっかり立て。」

この「宗教的な歌曲」は、美しいが、モーツァルトの「アヴェ・ヴェルム・コルプス」とは違ったものだ。モーツァルトの音楽が、上から降りて来るものだとすれば、ブラームスの曲は、下から昇って行くものだ。「モーツァルトやベートーヴェンは神々だが、私は人間だ」とブラームスが言ったことを思い出す。上から降りて来るものもいいが、下から昇って行くものも趣は違うが、究極的にはそれに通ずるように思われる。この深い祈願をこめて下から昇って行くものには、立ち昇って行って、或る高みまで達するとついに上から引き上げられて行くような感じがあるのだ。

9月21日

「アルト・ラプソディー」作品53

一八六九年
三十六歳

「間もなく僕はいろいろな事を思ひ知らねばならなかつた、とりわけ自分が人生の入口に立つてゐた事に就いて。」（小林秀雄）

ヘレン・ワッツのアルト、エルネスト・アンセルメ指揮、スイス・ロマンド管弦楽団の演奏（一九六五年十月）で聴く。

「ドイツ・レクイエム」の一年後の作。アルトの独唱、男声四部合唱。ソプラノではなく、アルト。合唱も男声だけ。これぞブラームスである。この重心の低さこそ、華美を嫌ったブラームスの誠実さと渋さの現われである。第1部、第2部、第3部の三部から成るが、第3部は、讃美歌であるとも言われる。確かに、「アーメン」で終わるのである。

これは、ゲーテの詩「冬のハルツの旅」から採った歌詞に作曲したもので、悩み多い不幸な若者（名を、プレッシングと言った）の救済を願う内容である。この傑作については、本書第Ⅰ部の第四主題第二の変奏の中で、堀辰雄や立原道造などに関連して十分に書いたので、以下少し個人的な思い出を記したいと思う。

ブラームスの「アルト・ラプソディー」を聴いていると、ふと、私も、この「プレッシング」青年のように世界から、そして時代から消えていくということも十分あり得たのだなと思い、人間の運命の不思議さに改めて粛然たる思いになることがある。

私も、青年時、私の場合は、三十三歳での内村鑑三との出会いまでという長い青春であったが、一種の「ヴェルテル病」の若者であった。ゲーテは「愛の父よ、おんみの竪琴の上に／彼れの耳にも入りうべき／調べのひとつだにあらば／かれが心を慰めたまへ」（堀辰雄訳）と歌ったが、私にとっては内村鑑三の『ロマ書の研究』は、「竪琴」からやって来た「調べ」であった。

私は、大学三年生のとき、鎌倉扇ヶ谷の中村光夫さんの家を訪ねた。小林秀雄の批評文を読んで、文芸批評の道を歩みたいと思って以来、小林秀雄や中村さんの作品を愛読した。小林秀雄は、余りにも畏敬の対象で、また人間的な厳しさも小林について書かれた諸文章から知っていた。近寄りがたい文士であり、実際私のような学生に会ってくれそうもなかった。それに比べて、その文章からうかがえる人柄や写真などで見る顔の表情などから、中村さんは、もう少しやさしい方のように想像された。

その頃、紀伊國屋書店の上のホールで、文学講演会があり、中村さんが話されたことがあった。その講演を聴いた感想を記した上で、北村透谷について書いたものがあるので読んで頂きたいという（今から考えればよくそんなことを平気で書いたものだと思うが）内容の手紙を差し上げた。実は、それほど返信を期待してはいなかった。というのは、そういう手紙の類は、中村さんのような大家のところにはよく届いているに違いないと思っていたからである。

ところが、何と数日後に、中村さんからお葉書が来た。大変読みにくい字で書かれていたが（後に、恩人となった編集者から、中村さんは悪筆で有名なことを知った）、必死に読んだ。それは、透谷論を送るように、しかし原稿を読むのに時間がかかるので、一週間後くらいに電話をするように、という内容で、電話番号が書いてあった。そのときの喜びは、今でも覚えているくらいだった。文学仲間がいるわけでもなく、一人で大学の図書館で文学の本を読み、やっと批評文を一つ書きあげた頃だった。小林秀雄や中村さんが、仏文の人だったから、仏文科に進んだが、フランス文学よりも近代日本の文学を読んでいた。だから、最初の批評の対象は、北村透谷だった。透谷が、近代日本の批評の創始者であるという直観があったからである。

緊張して電話を差し上げた。訪問の日時が決まり、扇ヶ谷の奥まったところにある中村さんの家に初めて伺ったときは、遅れてはならないと用心して鎌倉駅に早く着き過ぎたので、中村さんの家の近くの寿福寺の門前の石に腰かけて時間調整をしたことを思い出す。今でも、散歩の途次、変らずにあるその石を見ると、当時の昂揚した心持を思い出す。玄関を開けて現われた中村さんを見て、その著書『フロオベルとモウパッサン』の口絵に載っていたフロベールの肖像写真に似ているなと思った。大きなどっしりした身体の人だった。

応接室で、どんな話をしたかは、もう断片的にしか思い出せない。どうせ、私は透谷論に書いたあれこれをしゃべったのであろう。今から、思うと、二十三歳の世間知らずの男が文学について勝手な思いを語るのを、よく我慢して聞いてくれたものだと思う。中村さんの発言の中では、人間はもう一度人間にならねばならないというようなことを君は書いているけど、森有正がそんなことを言っているね、というものである。それ以来、森有正に関心を持った。その後、何回か伺った。透谷論に続いて書いた国木田独歩論を見てもらったり、その後取り組みたいと思った岩野泡鳴の全集が手に入りにくいので、何冊か貸してもらったりした。

その頃、私は、文芸誌『新潮』の新人賞に応募したことがあったが、当時は三〇枚の短篇の募集だったと思う。私は、一五枚ほどの「或る断片」というものを送った。そうしたら、編集部の藤野邦康さんから電話があり、君のものは短すぎて選考の対象にはならないが、ちょっとおもしろいので社に来るように、ということであった。藤野さんは、それ以来私のものを読んでくれた大恩人で、最初の本『内村鑑三』を出してくれたのも、当時構想社に関係していた藤野さんだった。応募作品は、恐らく編集部の何人かで分担して下読みするものだろうから、私のものが藤野さんの下読みの分担に入っていなかったら、その後の展開は全く違っていただろう。後になって、藤野さんは笑って、最初に社に来たとき、君は詰襟の学生服を着ていたよと言われた。私は学生服を持っていた記憶はないが、それくらい私は時代錯誤の若者と藤野さんには印象されたのであろう。

藤野さんは、新潮社における中村光夫さんの担当者だった。中村さんと本の打ち合わせをしているとき、私の話が出たという。君の方でよろしく頼むよと言われたことがあると中村さんが亡くなった後、藤野さんから聞いた。

ある時、中村さんから卒業後はどうするのかと訊かれたので、何も具体的には考えていないが、出版社とかに興味がある（文学青年の言いそうなことだ）とお答えしたら、当時中村さんが顧問か何かをしていた筑摩書房はどうかと言われた。私が、もちろんそれは有難いお話しですと即答すると、御自分の名刺の裏に、私を紹介する旨を書いて、これを持って社長に会いに行きなさいと言われた。うれしかった。

私は、早速、当時社長の井上達三さんに予約をとって面談に行った。そのとき、世間知らずの私は例によって青臭い文学論をしゃべったに違いない。しばらくして、井上さんは、一言、君のような人は出版社に入らない方がいいよ、と言われた。がっかりしたのは言うまでもない。

この結果を伝えに中村さんの家に伺ったときは、帰りを駅まで送ってくれた。賑やかな小町通りを歩いているとき、最近こんな風になったと嘆かれたが、今の小町通りを見たら何と言われるだろうか。駅に近づいたとき、お茶でも飲もうかと言われ、今でもある喫茶店「イワタ」に入った。向かいながら、今後のことも話したが、私が縁故のある会社に入るつもりであることを伝えると、しばらく社会に出てみることもいいことではないかと言われた。そして、喫茶店の前でお別れしたのが、中村さんと会った最後となった。

一九七七年四月から、出光興産という石油元売り会社に入社した。福島県の郡山出張所に配属になり、夏までの四か月間、ガソリンスタンドで実習することになった。慣れない仕事で疲れて、郡山の夜道を歩いて帰る自分が今、見えるような気がする。郡山に移ってからしばらくして、実家の母親から電話があって、中村さんという人から電話があったという。私は、そもそも文学に志を持っていることなど話していなかったし、無論中村さんとのやりとりなど伝えていなかった。今は、郡山の方で働いていると言ったら、そうですかと言って電話を切ったけど、どういう人なのと言った。私は、すぐ中村光夫さんからの電話だと分かったが、以前お世話になった人だとだけ答えた。こちらから、現在の仕事や所在地を連絡もしなかったのに、中村さんは、心配して電話をしてくれたのだ。申し訳ない気持ちで一杯だったが、私の方から、今、こういうことをやっていますと伝える気力は起きなかった。中村さんには、私は、一人の「プレッシング」青年のように見えたことだろう。

小林秀雄は、「富永太郎は廿五歳で死んだ。僕は廿四歳であつた。」で始まる「富永太郎の思ひ出」の中で、「間もなく僕はいろいろな事を思ひ知らねばならなかつた、とりわけ自分が人生の入口に立つてゐた事に就いて。」と書いた。「Xへの手紙」では、「女は俺の成熟する場所だつた。書物に傍点をほどこしてはこの世を理解して行かうとした俺の小癪な夢を一挙に破つてくれた。」と書いているが、私の場合は、実社会に出て、文字通り「油にまみれて」やっていた仕事が、「成熟する場所」だった。中村さんの「しばらく社会に出てみることもいいことではないか」という助言も今となればその通りだったと思う。

その後、仙台、京都と転勤した。その六年弱の間、私は一行も書かなかった。三十歳で東京の本社に転勤となり、それから藤野さんと再会し、執筆を再開した。東京に戻って来てからも、中村さんとは連絡はとらなかった。そんな不義理な青年のことなど忘れてしまっていただろうし、仮に覚えていたとしても、私は会いに行く勇気はなかった。

この後、いろいろ人生の転変があり、三十三歳の秋、内村鑑三の『ロマ書の研究』との邂逅があった。そして、『三田文学』に一九八七年の秋季号から一九八九年夏季号までの八回内村鑑三論を連載して、一九九〇年五月に『内村鑑三』にまとめた。『三田文学』に連載を始めたとき、中村さんに読んでもらうことを願っていたが、その頃、中村さんの体調が余り良くないということを何かの記事で読んでいた。そして、連載を続けているうち、一九八八年の七月に中村さんは亡くなってしまった。中村さんにお会いしてから、一五年くらいの時間をかけてやっと出来上がった批評文だった。電話までしていただいた中村さんに読んでもらえなかった無念さは、思い出す度に痛切に感じられる。そういえば、中村さんの代表作の一つ『志賀直哉論』の中には「内村鑑三」という章があった。

東京に戻って藤野さんと再会できた頃、藤野さんに郡司勝義さんを紹介していただいた。郡司さんは、長く小林秀雄の付き人だった人で、もうすでに小林は亡くなっていたが、郡司さんに会って（いつも酒席だったが）批評の話を聴くことは、何か小林秀雄の存在を感じとるようなものであった。郡司さんの発言の中に、小林秀雄の教えが伝わっているような感じがした。多くの批評の奥義のようなものを学んだように思う。或るとき、多くの才能ある若者が文芸批評を止めていったね、食えなくてね、と言われたのをよく覚えている。そのとき私をじっと見つめた眼も。私も、人生の何か一つでも狂えば「プレッシング」青年になっていたに違いない。

六十三歳の内村鑑三が、三十三歳のときに刊行した実質的な処女作『基督信徒のなぐさめ』に、「回顧三十年」と題して付した序文の末尾の文章は、「余はまた茲にエベネゼル（助けの石）を立て、サムエルと共に之に記して曰ふ『ヱホバ茲まで我を助け給へり』と（撒母耳前書七章十二節）。」というものであった。まもなく古稀を迎える私も、ブラームスの「アルト・ラプソディー」を聴いていて、その第三部の終わりの「アーメン」の合唱に至って、「神茲まで我を助け給へり」との思いの中に没入していくように感じる。

新型コロナウイルス禍になってから散歩する習慣ができたが、時々鎌倉の材木座海岸にまで歩く。晩秋になってから、美しい夕焼けの海景を眺めながら波打ち際で波の音を聞いていると、ブラームスの歌曲「鎮められた憧れ」の旋律を小さく口笛で吹いている自分にふと気がつくことが多くなった。この二年ほどブラームスの曲をいろいろ聴いてきたが、「2つの歌」の第1曲であるこの歌曲が、特に気に入ってよく家でかけているからであろう。そして、よく中村さんのことを思い出す。思えば、お宅に伺った頃、中村さんは、六十五歳くらいで、今の私より年が下だった。当時、老人のように思えた中村さんよりも、自分は齢をとったのかと思う。中村さんは、二十代初めに二葉亭四迷論を書いてデビューして、約二〇年後に名作『二葉亭四迷伝』を完成した。二葉亭への「憧れ」を「鎮め」るのに、長い時間がかかったということであろう。ブラームスが交響曲第1番ハ短調を手掛けてから、二〇年かけたという話が連想される。中村さんの人柄にも、何か「鎮められた憧れ」

を生きているような感じがあった。

三島由紀夫が、『文章読本』の中で、中村光夫の文章をとりあげて、「氏が有名な『です口調』を使い出したのは、私には普通口語文のともすると陥りがちな日本的感性から身をそらし、現代の口語文の一種の有機性に背反し、無機的な文体を作ろうとした結果だと思われます。」と書いた。私として言い換えれば、「憧れ」を「鎮め」るための文体だったと思う。最初の二葉亭論は、まだ「です口調」ではなかった。小林秀雄のエピゴーネンにならないために（それは、数多く出現していた）、中村さんは、「鎮められた憧れ」を歌うことに限定する文体を案出したのである。

『二葉亭四迷伝』の最後は、二葉亭の死を書いているが、そこで、二葉亭は「すべてをいふことを『あきらめて瞑目』したのです。」と結んでいる。二葉亭の死の床に、「鎮められた憧れ」が流れるのは相応しいように思われる。それは、中村さんにとっても。

中村さんが、私が訪ねた頃よりも大分経って、恐らく七十代になってから、地元の鎌倉ケーブルテレビの番組でとりあげられているのを見たことがある。その当時の暮らしぶりが映されていたが、中で一番心に残っている場面がある。中村さんが、砂浜（多分、材木座海岸）に坐って、いつものぼそぼそとした話し方で、この波の音は、私が生まれる前から鳴っていたし、私が死んだ後も鳴っているだろうというようなことを話されたのである。

今、この波打ち際で波の音を聞いていると、そのつぶやきを思い出す。そして、だんだん薄くなっていく大島の島影を遠く見やりながら、ブラームスの「鎮められた憧れ」を口笛で吹く。夕焼けが、一段と濃くなって来る。あゝ、このような光景は、何かドイツ・ロマン派の画家、フリードリヒの風景画にあったような気がする。そのフリードリヒについて一冊の本を書いてからも、もう十五年も経ったのか。

七十代に入ろうとしている今、私も「憧れ」を「鎮め」ていかねばなるまい。ブラームスを書くにふさわしい年齢にようやく達したのである。

9月22日

「運命の歌」作品54

一八七一年
三十八歳

クラウディオ・アバド指揮、ニュー・フィルハーモニア管弦楽団、アンブロジアン合唱団（一九六八年六月）で聴く。

「ドイツ・レクイエム」の直後の頃、作曲された。

ヘルダーリンの詩である。『ヘルダーリン詩集』（川村二郎訳、岩波文庫）から引く。

光の中　空高く
しなやかな床に歩を運ぶ　浄福の霊たちよ！
きらめく神の微風は
霊たちへ　軽やかにそよぐ
楽を奏でる乙女の指が
神聖な絃に触れるように。

運命にかかわりなく　天上の者たちは
眠る乳呑児のように息づく。
ささやかな蕾のうちに
清らかに守られて
永遠に花咲く
天上の者らの精神は。
浄福の眼には浮ぶ
静かな永遠の
明るさが。

しかし我らの運命は
いずこにも休らわぬこと。
苦しむ人間は
消える　亡びる
見境もなく　一刻から
また一刻へ
さながら水が岩から
岩へ打ちやられ
はては有耶無耶《うやむや》の際《きわ》へ落ち入るように。

文庫の解説の中に、「運命とかかわりのない天上の霊たちの、あえかな、しかも永遠の美しさを鑽仰《さんぎょう》する前二節と、人間の運命のはかないよるべなさを歌う後一節とが、いかにも激越な対照を見せていて、忘れがたい印象を残す。ブラームスがこの詩を合唱とオーケストラのための曲に仕立てており、それは必ずしも詩の心を正しく捉えたとはいえない音楽になっているけれども、初めの『ゆっくりと、あこがれ心地』のテンポが、終節に到って爆発的なアレグロに転ずる所は、やはり強い衝撃力を孕んでいる。」と書かれている。

「それは必ずしも詩の心を正しく捉えたとはいえない音楽になっている」というのは、解説書に次のように書かれていることに関係している。「これで合唱は終る。それと同時に、ブラームスの音楽も終っていいわけだが、それでは、人間界の不安とはかなさを歌ったままで終ることになって、キリスト教的なブラームスには満足できなかった。そこで、いろいろ試みた末、器楽の後奏をつけた。（中略）この結尾は、声楽作品で器楽がどれほど詩的な役割を果たすことができるかということに対するもっとも美しい例というべきである。」

この曲の作曲にあたってのエピソードで印象深いのは、友人の音楽家、ディートリヒが伝えているものである。一八六八年夏、ブラームスは、北海に近いオルデンブルクに暮らしたが、そのとき、そこにいたディートリヒの書斎でヘルダーリンの詩集を見つけて読んでいるうちに、この「運命の歌」の詩に感激し、ウィルヘルムスハーフェンの岸にひとり静かに座って作曲したという。

ウィルヘルムスハーフェンの岸にひとり静かに座っているブラームスの姿は、感動的である。その姿を想像していると、カール・バルトの一枚の写真を思いだす。バルトの写真の中には、いくつかバルトの神学を象徴するようなものがあるが、一九二七年六月、四十一歳のとき、リューゲン島の岸（崖）にひとり座ってバルト海を見つめているものもその一つである（一八七六年夏にブラームスが、二〇年かかった交響曲第1番を完成させたのは、このリューゲン島にある海岸町のザースニッツであった）。夕闇がせまり、真横の姿はほとんどシルエットのようである。バルトは、帽子を被って外套を着ている。遠く海上に、月が昇っている。その下に島影があるが、あとは海がバルト海らしく荒涼と広がっている。崖の大分離れた左端の方に、二人の男が立っている。バルトのこの横顔には、深く思索をしている厳しさが浮かび上がっている。神について、それも神についてのみ思索している人間の姿である。この写真のような構図の絵が、画家のフリードリヒにあってもおかしくないように思われる。

ブラームスも、ヘルダーリンの詩を読みながら長い時間岸に座っている間に、この後奏をつけるという考えが、浮かんだ、あるいはやって来たのであろう。

ヘルダーリン詩集の中から、この「運命の歌」を選んだこと、しかしこの後奏をつけたこと、ここにブラームスがヘルダーリンのような狂気に近づくことはあったとしても決してそこに転落する人間ではなかったことが示されている。

9月23日

「哀悼歌」作品82

一八八一年
四十八歳

ベルナルト・ハイティンク指揮、バイエルン放送交響楽団・合唱団（一九八一年十一月）で聴く。

ブラームスの友人で画家のアンゼルム・フォイヤーバッハが死んだとき（一八八〇年）、その霊を慰めるために作曲した。ブラームスは、四十八歳であった。解説書には、次のように書かれている。

詩はシラーの「哀悼の歌」であるが、これは普通に考えられているような悲しい哀悼の歌ではなくて、昔のギリシア人の考えによって「死」を「眠り」の兄弟とみて、死んだ人の生命の浄化を歌っている。これにつけたブラームスの音楽は、詩にふさわしく、決して絶望せず、少しも泣き悲しまずに、死を心で美化している。しかし、その底には限りないわびしさが漂っている。その手法は繊細で、官能的である。この曲には、いわば「悲しみの喜び」の感じさえ認められる。

この「悲しみの喜び」というのは、ベートーヴェンの「ゲーテの詩による3つの歌　作品83」の第1曲「悲しみの喜び」から来ている。

ゲーテの詩「悲しみの喜び」

乾かないでくれ。乾かないでくれ
永遠の愛の涙よ！
ああ、この半分乾いてしまった眼にさえも

何と荒涼とし、何と死に果てて、この世は映ってしまうのか！
乾かないでくれ。乾かないでくれ
不幸な愛の涙よ！

内村鑑三の「眼は熱き涙に浸さるゝ時に、最も深く又最も遠くを視るの能力を供せらる。」（「テサロニケ書翰に現はれたるパウロの未来観」一九二四年二月）という文章を思い出す。

9月24日

「運命の女神の歌」作品89

一八八二年
四十九歳

ベルナルド・ハイティンク指揮、バイエルン放送交響楽団・合唱団の演奏（一九八一年十一月）で聴く。

この曲は、ゲーテの戯曲『タウリスのイフィゲーニェ』から歌詞をとっている。この曲よりも、「運命の歌」の方に、心打たれる。ゲーテよりもヘルダーリンの方が「運命」というものに深く食い入っているからであろうか。

9月25日

「2つの歌」作品91

一八八四年
五十一歳

「そのとき、風と鳥は／我が憧れと生命に眠れとささやくであろう。」（リュッケルトの詩）

ヘレン・ワッツのアルト、ジェフリー・パーソンズのピアノ、セシル・アロノヴィッツのヴィオラによる演奏（一九六三年）で聴く。

解説書には、「二曲とも、一八六三年から一八六四年にかけての冬に作曲を始められ、その後約二〇年を経た一八八四年夏に、以前父親とともに徒歩旅行をして忘れられない土地となっていたスティリアのミュルツツーシュラークで完成された。」とある。この作曲の経緯にも、何かブラームスの「鎮められた憧れ」が潜んでいるように感じられる。第1曲は「鎮められた憧れ」、第2曲は「宗教的な子守歌」である。特に第1曲は、感銘の深い曲である。

ヴィオラが伴奏に加わっているのが、画期的である。ソプラノではなく、アルト。ヴァイオリンではなく、ヴィオラ。これはまさに、ブラームスの世界である。低音が、ブラームスの響きだからである。ブラームスの本質につながる変奏曲について、ブラームスは、或る書簡で、次のように書いている。

変奏曲の主題の場合私にとって本来重要なのは、ほとんど低声部のみと言って差し支えありません。しかし、その低声部は私には神聖なものであって、自分の物語を組み立てるためのいわば堅固な土台に相当します……。旋律を変奏するとき、私はまさに閃きに満ちて快い気分でいられるのであり、つまり、大いに気分が乗って美しい楽想を深みのあるものにできるのです。私は、提示する低声部については真に新しいものを創作します。そして、その範囲内で新しい旋律を考え、創造することになります……

「低声部は私には神聖なもの」とまで言っている。

第1曲　「鎮められた憧れ」
リュッケルトの詩。

夕暮れの黄金色の光に浸って
森は何と厳かにあることか！
鳥たちの柔らかな声が夕べの風の
やさしいそよぎとともに息づいている。
風は何をささやいているのか、鳥は何を？
それらは、この世に眠りにつくようにとささやいているのだ。

願いよ、いつも疼《うず》いている
私の心の中で休むことなく！
憧れよ、この胸を駆り立てるもの
いつお前は止むのか、いつお前は眠るのか？
風と鳥のささやきとともに
いつお前は眠るのか、憧れに満ちた願いよ？

あゝ、我が魂がもはや黄金色の遠方へ
翼ある夢の中で舞い上がることがなく、
我が眼がもはや永遠の距離にある星々の上に

憧れの眼差しをもって宿ることがなくなったとき、
そのとき、風と鳥は
我が憧れと生命に眠れとささやくであろう。

シューベルトは、ロマン主義の春に生きた音楽家で、まさに「憧れ」の人だが、ブラームスは、ロマン主義の黄昏に生きた音楽家で、「憧れ」は「鎮められ」なければならなかったのである。「憧れ」よりも、「鎮められた憧れ」の方が、「物のあはれ」を感じさせるように思う。

第2曲 「宗教的な子守歌」

歌詞は子守歌だが、この曲で、小さな子供はとても眠れないであろう。ブラームスにかかると、子守歌も「宗教的な」ものとなる。この子守歌で眠るのは、長く「鎮められた憧れ」を生き、「風と鳥」に「我が憧れと生命に眠れとささや」かれるような晩年を迎えた人間であろう。

9月26日

ブラームス歌曲集

ジェシー・ノーマンのソプラノ、ダニエル・バレンボイムのピアノによる演奏（一九八一年五月、一九八二年三月）で聴く。

1、愛のまこと　作品3の1
2、鍛冶屋　作品19の4
3、君が碧き瞳よ　作品59の8
4、サッフォ頌歌　作品94の4
5、かいなきセレナード　作品84の4
6、ジプシーの歌　作品103
7、メロディのごとく　作品105の1
8、まどろみはいよいよ浅く　作品105の2

ロベルト・ホルのバス、アンドラーシュ・シフのピアノによる演奏（一九九三年）で聴く。

1、子守歌　作品49の4

2、たより　作品47の1

3、セレナード〈月は山の上に〉　作品106の1

4、夜鶯に　作品46の4

「メロディのごとく」や「まどろみはいよいよ浅く」などは、ブラームスならではのもので美しいと思ったが、やはりリート（歌曲）は繰り返して聴きたいと思うほどではない。『ベートーヴェン一曲一生』の中で、ベートーヴェンの声楽曲は省略した。その理由について「私は、リートはシューベルトで十分である。」と書いたが、ブラームスの歌曲についても同様である。

9月27日

「4つの厳粛な歌」作品121

一八九六年
六十三歳

「七十年の間紆余曲折してついに何も見当らぬらしき人間には彼（ブラームス）のアイマイさが身に沁みます。」（石堂淑朗）

ロベルト・ホルのバス、アンドラーシュ・シフのピアノによる演奏（一九九三年）で聴く。

バス独唱の歌曲である。ブラームス最後の歌曲は、ついに低声のバスになったのである。この「ブラームス全曲をめぐる手記」の最後は、やはりこの曲となるであろう。ブラームスの作品番号は122までで、その122が「11のコラール前奏曲」であった。

この四曲を、老ブラームスがしわがれた声で自ら歌ったとき、聴く人に深い感銘を与えたと伝えられている。このCDを初めて聴いたとき、一瞬ブラームスが歌っているような錯覚に襲われたものであった。ガイリンガーは、「ブラームスが余りに感動させられるのを怖れて、演奏会で演奏されるのを余り喜ばなかったこの作品は、一八九六年の五月の第一週に書き始められ、彼の誕生日に完成した。」と書いている。

このタイトルは、リヒャルト・シュトラウスの「白鳥の歌」である「4つの最後の歌」を連想させる。ブラームスの「4つの厳粛な歌」も、ブラームスの「白鳥の歌」であった。この二つを聴き比べるとき、ブラームスとリヒャルト・シュトラウスの何という違いであろうか。「4つの厳粛な歌」は、ピアノ伴奏にバス、一方「4つの最後の歌」は、オーケストラとソプラノである。一言をもって言えば、ブラームスは義であり、R・シュトラウスは、美である。

R・シュトラウスの「4つの最後の歌」は、実に美しい。私も愛聴したものだが、これほど美しいと、美だけでもいいという思いに誘われるくらいだ。ブラームスの「4つの厳粛な歌」の方は、音楽としてはR・シュトラウスの曲ほど愛聴されるものではあるまい。これは、芸術というよりも「呻き」であり「祈り」なのである。美を少しも目指していない。しかし、魂の耳を打つ。ブラームス自身にとっては、「余りに感動させられるのを怖れ」るほどのものであったのである。

内村鑑三は「美と義」の中で、「義は美以上である。然し義は決して美を退けない。義は美と両立しないやうに思ふは大なる間違である。真個の美は義の在る所に於てのみ栄える。」として、「天主教徒がプロテスタント教徒を非難する時に常に後者に於ける芸術の欠陥を指摘するが、然しプロテスタント教徒は其芸術に於て少しも天主教徒に劣らざるのみならず、多くの場合に於て、後者の達し得ざる所に達する。レムブラントのやうな画家は天主教国に於ては起らない。」と書いている。

R・シュトラウスは、「万霊節」という曲を作曲したことからも「天主教徒」と思われる。南ドイツのミュンヘン生まれであり、美の人だが、北ドイツのハンブルク生まれのルター派の新教徒であったブラームスは、「レムブラント」と同じく美の人の「達し得ざる所に達する」のである。

「4つの厳粛な歌」の歌詞は、すべて聖書から採られている。ブラームス自身が選んだものであり、ブラームスの魂が歌っているのである。

第1曲　「伝道之書」第三章一九、二〇、二一、二二節

世の人に臨むところの事はまた獣にも臨む　この二者に臨むところの事は同一にして是も死ねば彼も死《しぬ》るなり　皆同一の呼吸に依れり　人は獣にまさる所なし皆空なり　皆一の所に往く　皆塵より出で皆塵にかへるなり　誰か人の魂の上に昇り獣の魂の地にくだることを知らん　然《され》ば人はその動作《はたらき》によりて逸楽《たのしみ》をなすに如《しく》はなし　是その分なればなり　我これを見る　その身の後の事は誰かこれを携へゆきて見さしむる者あらんや

第2曲　「伝道之書」第四章一、二節

茲《ここ》に我《われ》身を転《めぐら》して日の下に行はるゝ諸《もろ〳〵》の虐遇を視たり　嗚呼虐げらるゝ者の涙ながる　之を慰むる者あらざるなり　また虐ぐる者の手には権力あり　彼等はこれを慰むる者あらざるなり
我は猶生《なほいけ》る生者よりも既に死たる死者をもて幸なりとす　またこの二者よりも幸なるは未だ世にあらずして日の下におこなはるゝ悪事を見ざる者なり

第3曲　「ベン・シラの知恵」第四一章一、二節

おお、死よ、汝を思い起こすことのいかに苦いことか。裕福で安楽に暮らしている者にとって、また、心に悩みなく万事がうまくいき、まだ楽しみを味わえる者にとっては。

おお、死よ、汝の宣告はいかに有難いことか。生活に困り力衰えた者にとって、また晩年を迎え、あらゆることに心悩ます者にとって、また絶望して忍耐を失った者にとっては。

第4曲　「コリント前書」第一三章一、二、三節

たとひ我もろもろの国人の言および御使の言を語るとも、愛なくば鳴る鐘や響く鐃鈸の如し。仮令《たとひ》われ預言の能力あり、又すべての奥義と凡ての知識とに達し、また山を移すほどの大いなる信仰ありとも、愛なくば数ふるに足らず。たとひ我わが財産をことごとく施し、又わが体を焼かるる為に付すとも、愛なくば我に益なし。

「コリント前書」第一三章一二、一三節

今われらは鏡をもて見るごとく見るところ朧《おぼろ》なり。然れど、かの時には顔を対《あは》せて相見ん。今わが知るところ全からず、然れど、かの時には我が知られたる如く全く知るべし。げに信仰と希望と愛と此の三つの者は限りなく存《のこ》らん、而《しか》して其《そ》のうち最も大なるは愛なり。

「伝道之書」の無常、諦念の深さに、晩年のブラームスは浸っていった。ブリュイールは、「ブラームスは聖書を手放さなかったが、しかし、今や彼の晩年の書であり、否定の書であり、幻滅の書でもある『伝道之書』をいっそう読み耽るようになる。『日の下には新しきものあらざるなり。』『生ける犬は死せる獅子にまさればなり。』『空の空。』以後この言葉を、彼はおのれの生活信条としたように思われる。しかも、彼が『4つの厳粛な歌』の最初の二曲を書いたのは、まさにこの『伝道之書』を用いてなのである。」と書いている。

しかし、ここでもっと感動的なのは、ブラームスが、最後の第4曲はパウロの言葉にしていることである。それも「コリント前書」の「最も大なるは愛なり」なのである。

ガイリンガーは、次のように書いている。

幅広い深淵が《四つの厳粛な歌》をブラームスの他の独唱歌曲から切り離している。テクストの選択は十分異常であるし、その作曲も更に異常である。バイブルについての彼の素晴らしい知識は、ブラームスをして新旧両聖書からテクストを選び、それらのものを死への圧倒的な讃美歌として組み合わせることを可能にしたのだった。荒々しい厭世主義が初めの二つの歌曲を支配しており、そこでは地上の一切のものの空虚さが絶望的な峻厳さをもって宣告されている。この暗い気分は、第三の歌がその終わりのところで、すべての疲れたもの、重荷を負ったものに対して死の祝福を歌うまで、明るくされないのである。クライマックスは第四の締めくくりの歌曲に置かれている。その歌曲は比類のないコリント書の言葉のうちに、愛の力を讃えている。それによって終焉に近づきつつあった楽人は、最後の告白を、即ち死の恐怖さえもすべてを征服する愛によって消されるという告白を行なったのだった。

ここで、石堂淑朗さんのことを思い出す。二〇〇二年の九月に、クラシック音楽を題材とした文芸批評の書『国のさゝやき』を上梓した。このとき、拙著を進呈した方の何人かから御礼の葉書を頂いたが、その中で、石堂淑朗さんからのものは印象的で永く記憶に残っていた。石堂さんに進呈したのは、当時、クラシック音楽誌の月刊『音楽現代』に、よく寄稿されていて、その文章が音楽や演奏の本質を衝いたもので感服していたからである。着眼点が新鮮で、表現も面白く読ませるものだった。今回、ブラームスについて書こうと思い立ったときにも、思い出したのは、その葉書の文面であった。

謹啓　御高著有難く拝受。パラパラとしか拝見していませんが、一神教的に論理的且明晰な文体に圧倒されます。目次には、ブラームスが見当りませんが、あれ程の人が遂に無神論者とは、とドボルジャークを嘆かせたブラームスに私は入れあげています。七十年の間紆余曲折してついに何も見当らぬらしき人間には彼のアイマイさが身に沁みます。早々

石堂さんは、一九三二年生まれ、二〇一一年に七十九歳で死去した脚本家で、評論家でもある。その仕事については、当時、詳しいことは知らなかったが、月刊誌の『新潮45』や『正論』などに寄稿したものを読んだことがあり、右派の論客のイメージがあった。今回、改めて調べてみると、東京大学を卒業して、松竹大船撮影所に入社。大島渚、吉田喜重、篠田正浩などとともに、「松竹ヌーヴェル・ヴァーグ」を担ったという。大島渚との共同脚本に「日本の夜と霧」がある。一九六五年、大島と袂を分かった後（いわば左派から離れたということであろう）、テレビの脚本を多く手掛けるようになる。「三匹の侍」「必殺仕掛人」「子連れ狼」など、特撮では、ウルトラマン・シリーズもやっている。私も子供の頃に知っている人気テレビ番組の脚本家であったとは少し驚いた。映画では、「黒い雨」の脚本を書き、これは日本アカデミー賞の最優秀脚本賞を受賞している。

このような経歴をみると、「七十年の間紆余曲折して」という言葉が、納得される。そして、石堂さんは自らを「ついに何も見当らぬらしき人間」という。そういう人間が、ブラームスを愛好した。ドボルジャークに「あれ程の人が遂に無神論者とは」と嘆かせたブラームス、「アイマイ」なブラームス、その音楽は、石堂さんの「身に沁み」たのである。

この葉書の文面は、名脚本のようにも見える。ブラームスを語るのに、ボヘミアの野人、素朴な信仰の人、ドボルジャークを登場させて、人間ブラームスを浮かび上がらせているのである。

石堂さんは、戦後を生きた典型的な日本人の一人と言えるであろう。戦後日本の「七十年の間」

の「紆余曲折」を身をもって生きたからである。そして、ブラームスの「アイマイさ」に惹かれた。しかし、「4つの厳粛な歌」のブラームスには、もちろんこの曲の存在を知ってはいたであろうが、それが持っている深い意義に思いを致すことはなかったのではないか。それが、戦後の日本というものであった。

ブラームスは、ついに「アイマイさ」だけの人間ではなかった。ガイリンガーは、「4つの厳粛な歌」と「他の独唱歌曲」の間には、「幅広い深淵」があるという。それは、「他の独唱歌曲」に限ったことではあるまい。「アイマイさ」が感じとられる他の作品との間には「深淵」があり、それを「終焉に近づきつつあった」ブラームスは、「最後の告白」によって飛び越えたのである。この最後の地点から振り返って、ブラームスの作品群を聴くならば、既に初期のものから、「アイマイさ」を感じさせるブラームスの音楽には、実はその低声部に、パウロの言葉が鳴っていることに気づかされて、その響きは一層深みを増すであろう。

あとがき

本書は、二〇二〇年十一月に上梓した『ベートーヴェン　一曲一生』の続篇とも言うべきものである。

ベートーヴェンの次に、ブラームスをとりあげたのは、音楽史的に言っても後者が前者の後継者であり自然だからということよりも、世界の状況がブラームスを聴くのにふさわしい時代に入って来たからである。

ベートーヴェンの全曲を一日一曲として聴いていったのは、二〇二〇年の四月からで、新型コロナウイルス禍が人類を襲ってきた頃であった。そのかつてない緊張感の中で、ベートーヴェンの意志というものが、そのコロナ禍を耐えるために必要だったのである。

『ベートーヴェン　一曲一生』の第一部「ベートーヴェンを聴きつづけるという事」で、現代の逆境の中で人間という存在の尊厳を表現したその音楽を聴きつづける大切さを書いた。そういう意味で、ベートーヴェンは、まさに人間が立ち向う意志を持って聴くべき音楽である。

長引くコロナ禍がなかなか収束しないうちに、二〇二二年二月二十四日にロシアによるウクライナ侵攻が勃発して、世界は一変した。世界は、コロナ禍とは質の違った危機の時代へと突入した。こういう深まっていく歴史の暮方に、ブラームスほどふさわしい音楽家はない。ブラームスは、ベートーヴェンとは違って、向うから聴こえて来る音楽なのだ。そこに聴こえるのは、「物のあはれ」であり、「近代の秋」の音楽だからである。

ベートーヴェンについては、半年ほどで一気に書いたが、ブラームスは二年余りかけることになった。それは、加筆したところや「追記」の多さにもあらわれている。このように時間をゆっくりかけたことは、ブラームスにはふさわしかったと思う。本文の中に何回も書いたように、ブラームスは、交響曲第1番を書き上げるのに、二〇年かけた人だからである。ベートーヴェンは、いわば一本の道を一気に駆け抜けた人だが、ブラームスは、ところどころ屈折した道を熟慮して歩んだ人である。

今年、二〇二三年は、ブラームスの生誕百九十年にあたる。『ベートーヴェン　一曲一生』を三年前、二〇二〇年のベートーヴェン生誕二百五十年を記念して上梓したのとは違って、特にそのことを意識したわけではない。節目の年としては、二〇三三年の生誕二百年ということになるだろうが、十年後にブラームスについて一冊の本を書くようなことは、私にはもう出来ないだろう。生きていたとしても、知力、気力、体力から言って無理に違いない。そういう意味でも古稀の年に、ブラームスへの挽歌と言うべき著作を出せたことをうれしく思う。

これまで、ヨーロッパの各地を訪ねた。もうあまり行きたいと思う場所もなくなってきたし、この新型コロナウイルス禍によってヨーロッパにこれまでのように旅行することが出来る日がいつ来るか見当もつかない。だが、このコロナ禍が収束して安心してヨーロッパに行けるようになったら、ペルチャッハにだけは死ぬまでに旅したいと思う。ペルチャッハは、ヴェルター湖畔の村でブラームスが一八八七年に交響曲第2番を作曲した場所である。南オーストリアのアルプスの山々に囲まれたこの村を、ブラームスは、大変気に入った。この交響曲には、ペルチャッハの美しい自然の風景が反映されているという。ヴァイオリン協奏曲も、その後、ペルチャッハ滞在中に作曲された。ヴァイオリン・ソナタの第1番も、ペルチャッハである。ペルチャッハに行って、ブラームスのことを考えながら、人生の中のしばしの時間を過ごすことができたらと願っている。

藤原書店の藤原良雄社長には、『ベートーヴェン　一曲一生』に引き続き、ブラームスをめぐる本の出版を快く引き受けて頂いた。心より御礼申し上げます。今回も、刈屋琢氏が担当してくれた。深い理解と細やかな配慮の行き届いた編集に感謝したいと思う。

令和五年（二〇二三年）四月三日　ブラームスの命日に

新保祐司

主要参考文献

・『作曲家別名曲解説ライブラリー　ブラームス』音楽之友社、一九九三年
・カール・ガイリンガー『ブラームス』山根銀二訳、芸術現代社、一九九七年
・ジョゼ・ブリュイール『ブラームス』本多脩訳、白水社、一九八五年
・ハンス・A・ノインツィヒ『ブラームス』山地良造訳、音楽之友社、一九九四年
・『ブラームスの思い出』ブラームス回想集1、天崎浩二編・訳、関根裕子共訳、音楽之友社、二〇〇四年
・『ブラームスは語る』ブラームス回想集2、天崎浩二編・訳、関根裕子共訳、音楽之友社、二〇〇四年
・『ブラームスと私』ブラームス回想集3、天崎浩二編・訳、関根裕子共訳、音楽之友社、二〇〇四年
・『ブラームスの「実像」』日本ブラームス協会編、音楽之友社、一九九七年
・三宅幸夫『ブラームス』新潮文庫、一九八六年

ブラームス略年譜（1833–1897）

西暦	歳	ブラームス関連事項
一八三三	0	5月7日、ヨハネス・ブラームス、北ドイツのハンブルクに生まれる。
一八三九	6	父親から音楽の手ほどきを受ける。
一八四〇	7	コッセルにピアノを学び始める。
一八四三	10	初の公開演奏会出演。マルクスゼンに師事する。
一八四八	15	初めて公開演奏会を主催する。
一八四九	16	第2回公開演奏会を開く。
一八五〇	17	ハンガリーの亡命ヴァイオリニスト、レメーニと知り合う。
一八五一	18	自己批判からこれまでの作品を多数破棄。
一八五三	20	レメーニと演奏旅行。ヨアヒムと知り合う。シューマンに認められる。
一八五四	21	ハンス・フォン・ビューローと知り合う。シューマンの自殺未遂に際しクララを助ける。
一八五五	22	本格的に演奏活動を開始する。
一八五六	23	シューマン没。詩人のグロートと知り合う。
一八五七	24	デトモルトの宮廷に初めて定職を得る。

一般歴史事項

一八三七 英、ヴィクトリア女王即位（〜1901）
一八三九 セザンヌ誕生
一八四〇 アヘン戦争（〜42）
一八四二 マラルメ誕生
一八四四 ヴェルレーヌ誕生。ニーチェ誕生
一八四五 欧州ジャガイモ飢饉（〜49）
一八四六 米墨戦争（〜48）
一八四八 仏、二月革命、ルイ・ナポレオン大統領就任。マルクスとエンゲルス『共産党宣言』
一八五〇 清、太平天国の乱
一八五一 ロンドンで世界初の万国博覧会
一八五二 仏、ルイ・ナポレオン皇帝就任
一八五三 クリミヤ戦争（〜56）。日本、黒船来航
一八五四 日米和親条約締結（日本開国）

西暦	歳	ブラームス関連事項
一八五八	25	ゲッティンゲンでアガーテ・フォン・ジーボルトとの恋。
一八五九	26	「ピアノ協奏曲第1番」初演、失敗に終わる。アガーテが婚約を破棄。ハンブルク女声合唱団の指導を始める。
一八六〇	27	ヨアヒム、グリムらと「新ドイツ楽派に対する宣言文」に署名する。
一八六二	29	ウィーンへ初めて旅行、演奏会を開く。
一八六三	30	ウィーン・ジングアカデミーの指揮者に就任。
一八六四	31	「ピアノ五重奏曲」完成。ウィーン・ジングアカデミーの指揮者を辞任。ヴァーグナー、J・シュトラウス2世と会う。
一八六五	32	母クリスティアーネ没。「ホルン三重奏曲」完成。
一八六六	33	父の再婚。「ドイツ・レクイエム」完成。
一八六七	34	「ドイツ・レクイエム」一部初演される。
一八六八	35	「ドイツ・レクイエム」全曲初演、大成功を収める。
一八六九	36	バーデン・バーデンでユーリエ・シューマンに失恋。「アルト・ラプソディー」完成。
一八七〇	37	ミュンヘンでヴァーグナーの「ラインの黄金」と「ワルキューレ」を見る。
一八七二	39	父ヤーコプ没。ウィーン楽友協会芸術監督に就任。
一八七三	40	「ハイドンの主題による変奏曲」完成。

一般歴史事項	
一八五五	パリ万国博覧会
一八五六	フロイト誕生
一八五七	清・英仏、アロー戦争（1858、天津条約）。インド、セポイの反乱
一八五九	ダーウィン『種の起源』
一八六〇	マーラー誕生。ショーペンハウアー死去
一八六一	内村鑑三誕生。米、南北戦争（〜65）。イタリア王国成立
一八六二	クリムト誕生。米リンカーン大統領、奴隷解放宣言。ビスマルク、プロイセン宰相就任（鉄血演説）
一八六四	R・シュトラウス誕生。ロンドンで第一インターナショナル結成
一八六七	オーストリア＝ハンガリー帝国成立。マルクス『資本論』第1巻
一八六八	日本、明治維新
一八六九	スエズ運河開通
一八七〇	普仏戦争（〜71）

一八七四	41	ジングアカデミー時代の弟子、エリーザベト・フォン・ヘルツォーゲンベルクと再会。
一八七五	42	ウィーン楽友協会芸術監督を辞任。
一八七六	43	「交響曲第1番」完成。
一八七七	44	「交響曲第2番」完成。
一八七八	45	第1回イタリア旅行。「ヴァイオリン協奏曲」完成。ドヴォルジャークと知り合う。
一八七九	46	ブレスラウ大学から名誉博士号を授与される。
一八八〇	47	「大学祝典序曲」と「悲劇的序曲」完成。
一八八一	48	「ピアノ協奏曲第2番」完成。
一八八三	50	「交響曲第3番」完成。
一八八四	51	R・シュトラウスと会う。
一八八五	52	「交響曲第4番」完成。
一八八七	54	弟フリッツ没。「ヴァイオリンとチェロのための協奏曲」完成。
一八八八	55	グリーグ、チャイコフスキーと会う。「ヴァイオリン・ソナタ第3番」完成。
一八八九	56	ハンブルク名誉市民になる。
一八九〇	57	創作力の衰えから遺書を書く。
一八九一	58	クラリネット奏者ミュールフェルトと知り合う。「クラリネット五重奏曲」、「クラリネット三重奏曲」完成。

一八七一　ドイツ帝国成立。パリ・コミューン
一八七二　樋口一葉誕生
一八七四　シェーンベルク誕生
一八七七　英領インド帝国成立
一八七九　正宗白鳥誕生。滝廉太郎誕生
一八八二　独墺伊、三国同盟
一八八三　ヴァーグナー死去。オリエント急行開通
一八八六　山田耕筰誕生。ランケ死去
一八八七　信時潔誕生
一八八九　ウィトゲンシュタイン誕生。大日本帝国憲法発布
一八九一　露、シベリア鉄道建設開始

西暦	歳	ブラームス関連事項	一般歴史事項
一八九二	59	エリーザベト・フォン・ヘルツォーゲンベルク没。姉エリーゼ没。作品116〜119のピアノ小品を作曲。	一八九四 日清戦争（〜95）。仏、ドレフュス事件
一八九三	66	最後となる第8回イタリア旅行。	一八九五 リュミエール兄弟、初の映画映写
一八九四	61	「クラリネット・ソナタ」2曲を作曲。	一八九六 樋口一葉死去。ブルックナー死去。ヴェルレーヌ死去
一八九五	62	オーストリア皇帝から「芸術と科学に対する十字勲章」を授与される。	一八九七 ブルクハルト死去
一八九六	63	クララ・シューマン没。「4つの厳粛な歌」、「11のコラール前奏曲」作曲。肝臓癌発病。	
一八九七	64	4月3日、ウィーンで死去。ウィーン中央墓地に埋葬される。	

マ　行

サ　行

主要人名索引

本書で触れた主要な人名を採り姓・名の五十音順で配列した。
（第Ⅱ部で取り上げたCDの主な演奏家は太字で示した。）

ア　行

カ　行

著者紹介

新保祐司（しんぽ・ゆうじ）

1953年生。東京大学文学部仏文科卒業。文芸批評家。

著書に,『内村鑑三』(1990年。文春学藝ライブラリー, 2017年)『文藝評論』(1991年)『批評の測鉛』(1992年)『日本思想史骨』(1994年)『正統の垂直線——透谷・鑑三・近代』(1997年)『批評の時』(2001年)『信時潔』(2005年)[以上, 構想社],『島木健作——義に飢ゑ渇く者』(リブロポート, 1990年),『フリードリヒ　崇高のアリア』(角川学芸出版, 2008年),『異形の明治』(2014年)『「海道東征」への道』(2016年)『明治の光・内村鑑三』(2017年)『「海道東征」とは何か』『義のアウトサイダー』(2018年)『詩情のスケッチ』(2019年)[以上, 藤原書店],『明治頌歌——言葉による交響曲』(展転社, 2017年)がある。また編著書に,『北村透谷——〈批評〉の誕生』(至文堂, 2006年),『「海ゆかば」の昭和』(イプシロン出版企画, 2006年),『別冊環⑱　内村鑑三 1861-1930』(藤原書店, 2011年)がある。

クラシック音楽関係の著作としては,『国のさゝやき』(2002年)『鈴二つ』(2005年)[以上, 構想社],『シベリウスと宣長』(2014年)『ハリネズミの耳——音楽随想』(2015年)[以上, 港の人],『ベートーヴェン 一曲一生』(藤原書店, 2020年)がある。

2007年, 第8回正論新風賞, 2017年, 第33回正論大賞を受賞。

ブラームス・ヴァリエーション

2023年4月30日　初版第1刷発行©

著　者　新　保　祐　司
発行者　藤　原　良　雄
発行所　株式会社　藤　原　書　店

〒162-0041　東京都新宿区早稲田鶴巻町523
電　話　03 (5272) 0301
FAX　03 (5272) 0450
振　替　00160 - 4 - 17013
info@fujiwara-shoten.co.jp

印刷・製本　中央精版印刷

落丁本・乱丁本はお取替えいたします
定価はカバーに表示してあります
Printed in Japan
ISBN978-4-86578-384-1

❺ボヌール・デ・ダム百貨店——デパートの誕生

Au Bonheur des Dames, 1883　吉田典子 訳＝解説

ゾラの時代に躍進を始める華やかなデパートは､婦人客を食いものにし､小商店を押しつぶす怪物的な機械装置でもあった｡大量の魅力的な商品と近代商法によってパリ中の女性を誘惑､驚異的に売上げを伸ばす｢ご婦人方の幸福｣百貨店を描き出した大作｡

656 頁　**4800 円**　◇ 978-4-89434-375-7（第 6 回配本／ 2004 年 2 月刊）

❻獣人——愛と殺人の鉄道物語 *La Bête Humaine, 1890*　寺田光徳 訳＝解説

「叢書」中屈指の人気を誇る、探偵小説的興趣をもった作品。第二帝政期に文明と進歩の象徴として時代の先頭を疾駆していた「鉄道」を駆使して同時代の社会とそこに生きる人々の感性を活写し、小説に新境地を切り開いた、ゾラの斬新さが理解できる。

528 頁　**3800 円**　◇ 978-4-89434-410-5（第 8 回配本／ 2004 年 11 月刊）

❼金《かね》 *L'Argent, 1891*　野村正人 訳＝解説

誇大妄想狂的な欲望に憑かれ、最後には自分を蕩尽せずにすまない人間とその時代を見事に描ききる、80 年代日本のバブル時代を彷彿とさせる作品。主人公の栄光と悲惨はそのまま、華やかさの裏に崩壊の影が忍び寄っていた第二帝政の運命である。

576 頁　**4200 円**　**品切**◇ 978-4-89434-361-0（第 5 回配本／ 2003 年 11 月刊）

❽文学論集 1865–1896 *Critique Littéraire*　佐藤正年 編訳＝解説

「実験小説論」だけを根拠にゾラの文学理論を裁断してきた紋切り型の文学史を一新、ゾラの幅広く奥深い文学観を呈示！　「個性的な表現」「文学における金銭」「淫らな文学」「文学における道徳性について」「小説家の権利」「バルザック」「スタンダール」他。

440 頁　**3600 円**　◇ 978-4-89434-564-5（第 9 回配本／ 2007 年 3 月刊）

❾美術論集 *Écrits sur l'Art*　三浦篤 編＝解説　三浦篤・藤原貞朗 訳

セザンヌの親友であり、マネや印象派を逸早く評価した先鋭の美術批評家でもあったゾラ。鋭敏な観察眼、挑発的な文体で当時の業界に衝撃を与えた文章を本格的に紹介する､本邦初のゾラ美術論集｡｢造形芸術家解説｣152 名収録｡

520 頁　**4600 円**　◇ 978-4-89434-750-2（第 10 回配本／ 2010 年 7 月刊）

❿時代を読む 1870–1900 *Chroniques et Polémiques*

小倉孝誠・菅野賢治 編訳＝解説

権力に抗しても真実を追求する“知識人”作家ゾラの、現代の諸問題を見透すような作品を精選。「私は告発する」のようなドレフュス事件関連の他、新聞、女性、教育、宗教、共和国、離婚、動物愛護などテーマは多岐にわたる。

392 頁　**3200 円**　◇ 978-4-89434-311-5（第 1 回配本／ 2002 年 11 月刊）

⓫書簡集 1858–1902 *Correspondance*

小倉孝誠 編＝解説　小倉孝誠・有富智世・高井奈緒・寺田寅彦 訳

19 世紀後半の作家、画家、音楽家、ジャーナリスト、政治家らと幅広く交流したゾラの手紙から時代の全体像を浮彫りにする第一級史料の本邦初訳。セザンヌ、ユゴー、フロベール、ゴンクール、ツルゲーネフ、ドレフュス他宛。

456 頁　**5600 円**　◇ 978-4-89434-852-3（第 11 回配本／ 2012 年 4 月刊）

別巻 **ゾラ・ハンドブック**　小倉孝誠 編

これ一巻でゾラのすべてが分かる。ゾラを通して 19 世紀フランスを見る。①作品紹介（あらすじと主要テーマ）　②社会、時代キーワード　③関連人物紹介、関連地名紹介　④ゾラと日本　〈附〉年譜、参考文献　（最終配本）